★★★

PERFORMANCE
REVIEW AS
A TEAM STRATEGY

by Masanao Kawauchi

マネジャーのための

人事評価で最高のチームをつくる方法

「査定する場」から「共に成長する場」へ

リンクアンドモチベーション
常務執行役員
川内正直

SE
SHOEISHA

本書内容に関するお問い合わせについて

このたびは翔泳社の書籍をお買い上げいただき、誠にありがとうございます。弊社では、読者の皆様からのお問い合わせに適切に対応させていただくため、以下のガイドラインへのご協力をお願いいたしております。下記項目をお読みいただき、手順に従ってお問い合わせください。

●ご質問される前に
弊社Webサイトの「正誤表」をご参照ください。これまでに判明した正誤や追加情報を掲載しています。
正誤表　https://www.shoeisha.co.jp/book/errata/

●ご質問方法
弊社Webサイトの「刊行物 Q&A」をご利用ください。
刊行物Q&A　https://www.shoeisha.co.jp/book/qa/
インターネットをご利用でない場合は、FAXまたは郵便にて、下記"翔泳社愛読者サービスセンター"までお問い合わせください。電話でのご質問は、お受けしておりません。

●回答について
回答は、ご質問いただいた手段によってご返事申し上げます。ご質問の内容によっては、回答に数日ないしはそれ以上の期間を要する場合があります。

●ご質問に際してのご注意
本書の対象を超えるもの、記述個所を特定されないもの、また読者固有の環境に起因するご質問等にはお答えできませんので、あらかじめご了承ください。

●郵便物送付先およびFAX番号
送付先住所 〒160-0006 東京都新宿区舟町5
FAX番号 03-5362-3818
宛先 (株)翔泳社 愛読者サービスセンター

この本は、
「人事評価って面倒くさい」
「できればやりたくないな」と
思っているすべての
管理職のために書きました。

はじめに

「うちの人事制度、マジでダメなんですよ」

「なんで早く変えないんだろう」

企業の現場で管理職を担う方々とお話ししていると、こんな声をよく聞きます。同じように、経営や人事の方々からも、人事制度や評価制度を変えたいというご相談が増えています。背景としては、今の時代に合ったものに変更したい、社員の活躍が適切に反映されるようにしたい、人事制度の見直しをきっかけに人材育成を強化したい、などが挙げられます。

社会情勢や組織が常に変化しているのと同様に、制度にも一定の賞味期限があります。一定期間が経ったら見直しを行い、変更していく必要があります。

しかし、だからといってコロコロ変えることは難しい。制度を変更することで発生するデメリットやコストの方が大きくなってしまうからです。となると、どこかのタイミングで、「どのような制度なのか」よりも「どう制度を運用するか」の重要度が上回る瞬間が来ます。

一方で、制度のせいにしてしまっているケースもあります。お話を伺うと、確かにそれは難しいですねという場合もありますが、運用で変えられることも結構あるのです。

そのため、人事制度についてご相談をいただいた際、「どう変えますか?」ではなく、「本当に変えますか?」と最初に質問することがあります。制度自体をガラッと変えるのではなく、部分的に少しだけ変えて、運用力を向上させていく方が良くないですか、という話をさせていただく。そんなケースも少なくありません。

制度ではなく、運用力に焦点を当てた方がうまくいくことも実は多いのです。

そんな「運用」を担うのは、現場のマネジャーです。

「人事評価業務が好きじゃない」は当たり前

ところが、現場のマネジャーの方々からは、このような声をよく聞きます。

「管理職になって初めての人事評価。部下になめられてはいけないと気負いすぎ、一方的に話し続けてしまい、後味が悪かった……」

「何度やっても人事評価は苦手だ。本人はがんばっているのに成果が出ていないと、結局厳しい評価をしなくてはならず、不満そうな様子を見るのが辛い」

「半年や1年ではそう状況が変わるわけでもなく、毎回同じようなことを言っていて、お互いに徒労感がハンパない」

「改善してほしいところをうまく伝えられない。これを言ったら『パワハラだ』と訴えられるのではないかと不安」

人事評価というと、「お前ちゃんとやっていないじゃないか」など厳しいことを言わないといけないと思っていたり、相手の言うことを否定しなくてはいけないと思ったりしているのかもしれません。そして、「評価＝避けたいもの」という気持ちが募り、嫌な気持ちが払拭できないまま、また評価の時期がやってきて……、と悪循環になっていませんか？

たとえて言うなら、サッカー日本代表の監督がワールドカップに出場する選手を26名に絞るときの辛さに通じるかもしれません。みんながんばっているのに、26名以外の選手を落選させなければならない。それと同様に、みんながんばっているのに、チームメンバーの成績を採点して評価をつけなければならない。

人事評価に関するこんなネガティブな気持ち、「嫌い」とか「避けたい」という感情は、特別なものではありません。本音で言うと、みんな面倒くさいと思っているのです。評価について得意だと思っている管理職も、好きだと思っている管理職もいないと、私は思っています。

マネジャーは「サンタクロース」になれる？

特に最近は、人事評価制度を「人材育成」や「メンバーの長期的なキャリア形成」などにつなげたいという企業が増えています。

マネジャーの役割は、育成責任も担うようになり難易度が上がっていますが、一方で非常にやりがいがあるとも言えます。

ここで、メンバーの成長に関われるというマネジャー冥利がうまく表現された、有名なクリスマスソングを紹介します。

それは「真っ赤なお鼻の～」という歌い出しの「赤鼻のトナカイ」です。

真っ赤なお鼻を持つのは、サンタクロースのそりを引くトナカイのルドルフくん。一匹だけ赤い鼻だったので、周囲からは笑いものにされていました。この状況から想像するに、ルドルフくんは自分の赤い鼻を隠しながらそりを引いているので、スピードは出ない。そうするとパフォーマンスは当然低いので、周囲から認められなかったのかもしれません。

ただ、そんなルドルフくんの人生はサンタクロースの一言で変わります。「暗い夜道には、ぴかぴか光るお前の鼻が必要だ」と。そして、いつも泣いていたルドルフくんは大活躍するのです。

「ほかとは違う赤い鼻」は、別の解釈をしてみると「暗い夜道を明るく照らせるオンリーワンの特徴」。これまでとは１８０度異なる捉え方です。ちなみに、英語の歌詞の最後は、「You'll go down in history!（君は歴史に名を残すだろう！）」と仲間のトナカイから声をかけられたとなっています。

ルドルフくんの赤い鼻というポテンシャル（潜在能力）は以前からあったものです。そこへ、素晴らしいマネジャーであるサンタクロースが「暗い夜道でそりを引く」という目標設定をしたことにより、そのポテンシャルを発揮できる環境がつくられました。

おそらく、そのあとルドルフくんは、夜道を照らすという能力を自主的に磨いたと思いますし、鼻を隠す必要がなくなったのでそりを引くスピードも上がったはず。それまではお昼のみの稼働だったサンタチームも夜の交代制が可能になり、クリスマスのプレゼントを運ぶ生産性は2倍以上になったはずです。

その後の採用基準も見直され、隠れた才能を持った人たちがあとに続き、世に出るきっかけになったかもしれません。

マネジャーのやりがいの1つは、サンタと同じようにたった1回の目標設定で、その人の人生を変えるようなきっかけをつくれることです。

著者である私自身のマネジメント経験のなかでも、長く苦戦していたメンバーがその人らしさを活かした目標設定ができたときに、劇的な成長を遂げたこともありました。また、厳しい評価をつけられて一度は落ち込んだが、その後どう成長すべきか、自分自身と今まで以上に向き合ったことで大きく飛躍をしたという方もいます。「人が変わる瞬間」や「人の成長ストーリー」は映画やドラマでも感動しますが、実体験で、しかも自分がその変化に関わることができたときの嬉しさは格別です。私自身、「泣けるほど感動した仕事」の経験がいくつかありますが、その経験のなかには必ず「人の変化」があります。

自分の経験を捨てて、今の時代に合った最適解をつくる

多くのマネジャーの方が悩んでいるポイントの1つに、「自分の成長や成功体験を捨てなければいけない」というものがあります。

自分が部下としてマネジャーから受けてきたマネジメントの大部分は、今の時代だと使えないことが多いからです。

ハラスメントやコンプライアンス、働き方改革による労働時間管理、人材の多様性の向上、リモートワーク導入などによる職場の環境変化、OpenWorkなどの社員の口コミサイトやSNSによる社内情報の見える化、そして四半期の短期業績管理の精

度向上……。「部長」「課長」「マネジャー」など表層的な役職名は30年前と同じでも、求められる基準が大きく変化しています。

マネジャーの方は、今の時代に合ったマネジメントのやり方や最適解をつくり上げていく必要があります。本当に大変だと思います。

そんな容易ではない環境のなかで戦っている現場マネジャーの方のお役に立てるような本が書けないか。現場マネジャーが使える武器をお渡ししたいというのが、本書を執筆するきっかけとなりました。

どの企業でも存在するもので、その活用の仕方を工夫すると驚くような変化を生み出せるものの代表例は、人事評価制度です。

人事制度設計で参考になる本はたくさん世に出ていますが、評価制度の活用や運用に特化した本はあまりないということで、本書をまとめました。

メンバーが勝手に動いて、勝手に結果を出す最高のチームへ

人事評価の願い（狙い）は、「**人の変化**を生み出したい」というものです。

単に賞与や昇進、昇給のためではなく、お互いが目標を1つにして、そのために日々努力をし、時には失敗をしながらも、成功に向けてチャレンジし成長していく。「査定」という一方的な判断をするだけではなく、評価を通じて「一緒に成長していく」。人事評価のやり方次第で、マネジメントはとてつもなく楽に、そして楽しくなります。

繰り返しになりますが、人事制度、評価の仕組みそのものは、一人のマネジャーの独断で変えられるものではありません。ですが、「その仕組みをどう運用するか」はあなた次第。そこには大いなる可能性が眠っているのです。

マネジャーであるあなたがいちいち指示を出さなくても、メンバーそれぞれが自発的に動いて業績が上がっている。それによって、自分はまた次の一手に向かって新しいことへチャレンジできている。そんな状態をつくるための武器を持ってほしい。「そうはいっても、うちの会社の人事制度はイケてないから……」と思う方。そういう方にこそ、ぜひ本書を読んでもらいたいのです。

著者はリンクアンドモチベーションという組織人事コンサルティングファームで、

大手企業からベンチャーまでさまざまな企業に対し、組織開発や人材開発のコンサルティングを行ってきました。その経験からたどり着いた、「人事評価は面倒くさい」から脱却する方法、前向きに楽しく取り組める方法をこの本でお伝えしていきたいと思います。

本書が、最高のチームをつくるための武器の1つとなれたら幸いです。

CONTENTS

第2章 評価がうまくいく目標設定の方法とは？ 077

第3章 納得感の高い評価のつけ方とは？

第5章
成果と成長を促す評価の伝え方とは？

序章　今、人事評価に求められていること

「人的資本経営」が企業価値を高める

人事評価の具体的な取り組み方に入る前に、改めて今、なぜ人事評価が重要になっているのか。経営的な視点からその背景を押さえておきたいと思います。

前述の通り、ここ数年、人事評価や人事制度改革に関する相談が急増しています。猛威を振るった新型コロナウイルスも大きなきっかけになっていますが、働き方改革やDX（デジタルトランスフォーメーション）などにより、人件費の最適投資の検討を迫られたり、そもそもの人材観にも大きな変化が現れたりしているのが背景です。

成長を志す企業は、3つの市場と対峙しなくてはなりません。商品市場（消費者、

企業は3つの市場と対峙する必要がある

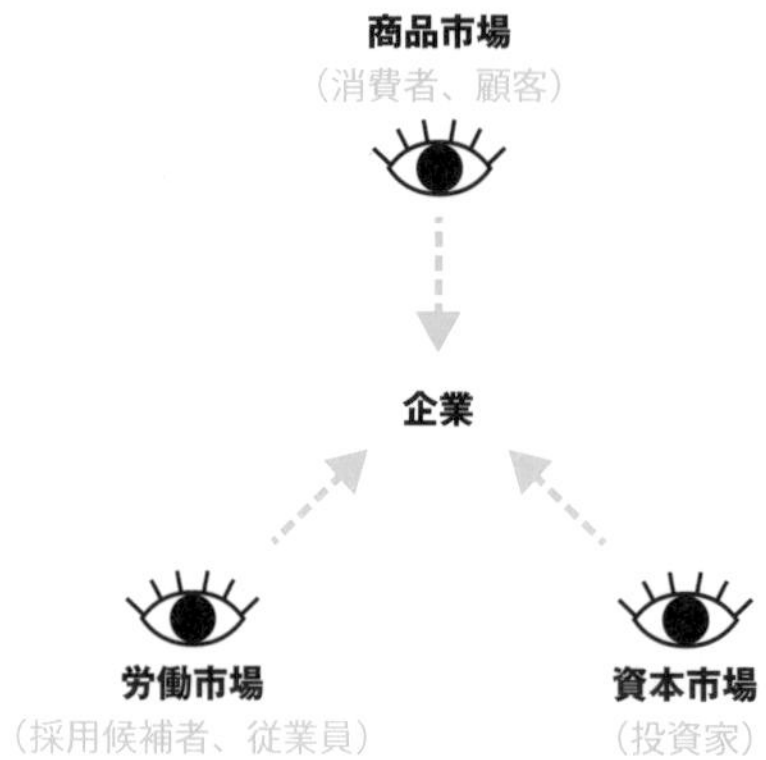

顧客）、資本市場（投資家）、そして労働市場（採用候補者、従業員）。この3つから選ばれる存在になる必要があります。

まず「商品市場」について言うと、ソフト化・サービス化の流れが進み、良いものを作れば売れるという時代ではなくなりました。変化のスピードが速く、常に新しいビジネスやビジネスモデルを考えていかなければいけない。次々と新しいものを生み出していくことで、「資本市場」にも評価してもらうことができます。

では、誰がこのソフト化・サービス化を担うのか、新しいものを作るのかというと、「人」です。3つ目の市場である「労働市場」において優秀な人材から選ばれなければ、他社よりも価値の高いサービスを生み出し続けることはできません。また、人材の獲得競争＝採用活動を成功させたとしても、入社後にその能力を十分発揮して活躍してもらわなければ、「商品市場」の要請に対応できないわけです。

そのような鍵となる「人」に活躍してもらうために重視すべき概念として、「エンゲージメント」があります。

リンクアンドモチベーションでは、エンゲージメントを「企業と従業員の相互理解・相思相愛度合い」と定義しています。つまり、会社への愛着や、仕事への情熱の度合いを指します。エンゲージメントというと、「働きやすさ」に左右されると考える方もいますが、むしろ重要なのは「働きがい」です。

日本の従業員エンゲージメントは世界各国に比べて低いと言われていますが、エンゲージメントが向上すると業績も改善することが研究により示されています。

これは、世界的にも主流となり始めている「人的資本経営[1]」という概念にもつながります。「人的資本経営」とは、経済産業省のウェブサイトでは、「人材を『資本』として捉え、その価値を最大限に引き出すことで、中長期的な企業価値向上につなげる経営のあり方」と定義されています。

従来のように人を「コスト」と捉えるのではなく、「資本」として捉え、その人的資本を最大化しようというわけです。

人を「コスト」と考えているなら、人事評価は単なる「コストコントロール」のための制度となってしまいます。いかに人件費を予算内に収めるかが主目的です。

一方、人を「資本」と考えるなら、人事評価は人的資本投資のいわばＰＤＣＡサイクルを回すための制度となり、人への投資から得られるリターンをいかに増やすかが主目的になります。

無形資産としての「人」の価値が向上することで、資本市場から評価されお金が集まるし、労働市場を構成する従業員が活躍して新しいものがどんどん生まれるという好循環につながっていくのです。

「人的資本経営」の必要性はどの企業もわかっています。ところが、実際にそれを実現できている会社は少なく、どこも苦労しているというのが正直なところです。

そこで各社は、人事制度や評価制度を変えることで、従業員にどんな行動を求めるかを見直し、人的資本経営を実現させていこうとしているのです。

さらに、ジョブ型雇用や副業の広がり、女性活躍推進、ダイバーシティなどにより、個々に対応する必要性の高いケースも増え、これまでと同じ評価制度一本槍だと難しくなってきました。しかもそのタイミングでコロナ禍も発生し、リモートワークが普及するなど働き方がガラッと変わりました。それに伴って、人事制度や評価制度の見直しに拍車がかかっています。

新しいものを生み出すための人事制度改革

先ほど、ソフト化・サービス化の流れが進んだことで、次々と新しいものを生み出すことが求められているとお話ししました。ところが極端な表現をすると、これまでの人事制度では、新規事業をどれだけ立ち上げたかではなく、既存事業をどれくらい大きくできたかが主な評価基準だったと言えます。

本来、既存事業にはない新しいものを次々に生み出す動きと、既存事業をどんどん深めていく動きを同時に進める、いわゆる「両利きの経営」が求められているのに、後者ばかりが評価されがちでした。それでは誰も新しいことをやりたがりません。

企業としては、「新しいことにチャレンジしよう」「既存の概念にとらわれない挑戦をしよう」と言っていても、「チャレンジして失敗したら評価が下がるじゃん」「そもそも新しいことを生み出すには膨大なエネルギーがかかるのに、そのプロセスが評価されないなんて馬鹿らしい」となり、結局、確実に評価される既存事業を皆がやりたがる、となるわけです。

一方、強いトップダウン型で、「新規事業に力を注ぐぞ！」と舵を切った場合、新しいことに取り組む部門や人に情報やお金がどんどん流れていってスポットライトを浴びます。しかし、新規事業ゆえに立ち上げ当初の売上貢献度はさほど高くはなく、現実に稼いで会社を支えているのは既存事業の方ということもよくあります。

そうなると最悪の場合、「なんかやってらんないな」と、既存事業のエースが辞めていきかねない。そんな悪循環も生まれがちです。

新しいことに挑戦する人も、既存事業を手堅く大きくしていく人も、「みんな活躍している」と評価される人事制度や評価制度が求められているのです。

変化の中核を担うのが、現場の管理職

ただし、人事制度も評価制度もあくまで機会でありツールです。企業が本当にやりたいことは、これを活用した人材の育成です。

「従業員に成長してほしい」
「より新しいことにチャレンジできる人材になってほしい」
「より生産性の高い人材になってほしい」

経営層や人事の責任者が抱いているのが、そのような思いです。

それはそうなんですが、前述した通り、実際に制度の運用を担うのは現場のマネジャーの方々です。変化が激しいなかで、「目の前の仕事も精一杯なのに、この変化にどうついていけばいいの？」という戸惑いが大きいと思います。

制度を変えるのは簡単ですが、実際に運用する現場のマネジャーが、この過渡期に混乱してしまっているというのが現状です。そんな現場の皆さんの力になれるヒントを、これからたくさんご紹介したいと思います。

人事評価制度は会社によって仕組みがいろいろですが、基本的な構造はそれほど変

人事評価の基本的なサイクル

わらないはずです。「部下と共に目標を設定して、評価をつけて、それを本人に伝え、また目標を設定する」というサイクルを回していくのが基本的な流れです。

まず第1章では、人事評価を行ううえでの基礎知識を取り上げます。基本を押さえたうえで、第2章から第5章までは人事評価の基本的なサイクルに則って解説していきたいと思います。

1 https://www.meti.go.jp/policy/economy/jinteki_shihon/index.html

第 1 章

評価者になったら知っておくべきこと

本章では、人事評価をするうえで必要な前提知識を解説します。認識しておくべき世代間ギャップとは？「感情報酬」って何？　人事評価で不公平感やモヤモヤが残ってしまうのはなぜ？　「成長期待直線」と「成長実感曲線」とは？　こういった点を把握しておけば、人事評価がもっとスムーズにいくはずです。

1-1

★★★

若手には通用しない〝昭和な管理職〟の思考

マネジメントの前提をアップデートしよう

〝意味〟にこだわる若手世代

評価者として人事評価を行う前にまず押さえておきたいのが、自分たちの世代と若手では考え方や状況に違いがあるという点です。

「私のファーストキャリアは……」と、将来的な転職を前提に話をする新卒入社社員が増えている――。〝最近の若い者あるある〟ではないですが、企業で人事や採用を担う方々からこんな話をお聞きするケースが増えました。終身雇用にこだわらず、転新卒社員、今の会社にあと何年いる？

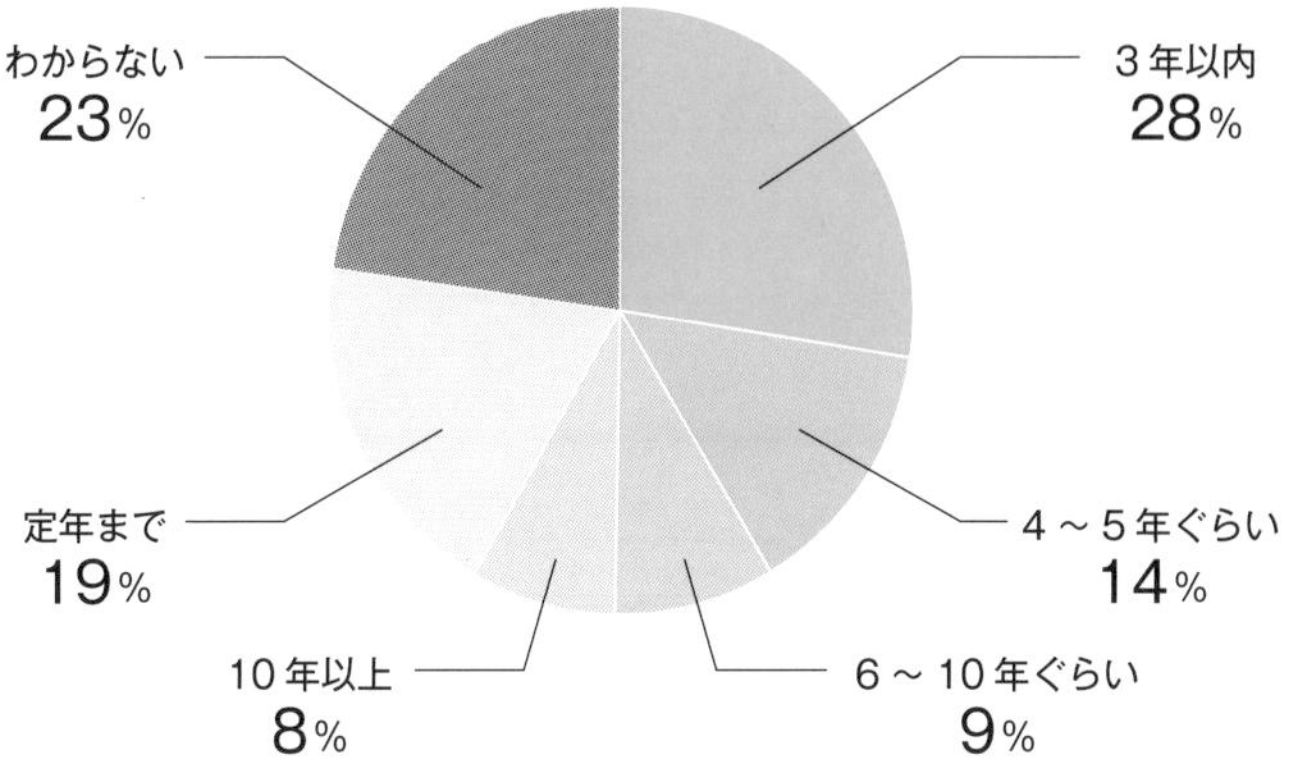

職が当たり前と考える世代に変わってきているようです。

マイナビのキャリアトレンド研究所が2022年8月に発表したレポートによると、同年4月の新卒入社正社員のうち、3割近くが「3年以内に退職予定」と答えています。なお、「10年以内に退職予定」と答えたのは、半数以上にのぼります（図参照[2]）。

もちろんなかには10年、15年と続く人もいるのですが、それは結果的なこと。常に、この仕事、この職場環境でどういう成長をするのか、どういう成長ができそうなのか、ということを考え、結果的に納得しているから続いている。そんな

“昭和型”マネジメントにご注意!

3年は下積みだ
四の五の言わずにやれよ
管理職
これって何の役に立つの?
自分のキャリアにとって
何の意味がある?
部下

世代になってきています。

この仕事が、この1年が、この半年が、このミッションが、自分のキャリアにとってどんな意味があるのか。彼らがそう考えていることを認識し、時間軸を長めにとって、「5年後は……」「10年後は……」という話がしっかりできないといけないわけです。

そういう世代に対して、「とりあえず3年くらいは踏ん張れよ」とか、「今年はとりあえず経験を積む年なんだよ」と言っても通用しません。むしろそう言われたことで、ここでは成長できないのではという不安感や焦りを覚え、極端な話、退職してしまう。

「この仕事はあなたの成長にとってこういう意味があって、そうすると今後のキャリアにおいてこういう選択肢があるときにすごく役に立つから、この仕事ってめちゃくちゃいいんだよね」という意味づけをしないといけないのです。

ところが、「四の五の言わずにやれよ」と言われて成果を出したら評価される〝昭和型〟で育った世代からすれば、若手のこうした考え方は「面倒くさいな……」と感じるかもしれません。

しかも、ほとんどの管理職の方は自分自身が上司からそういうマネジメントを受けてきたことがありません。「部下のモチベーションが上がり、キャリアにつながるような目標設定をしてください」と言われても、経験したことがないのでわからない。さらに、イメージがわかないので、やろうとしてもずれてしまう。これがマネジャーにとって「面倒くさい」と感じられる一因でもあります。

逆に言うと、それがうまくできるマネジャーのもとでは、若手は「この仕事は自分のキャリアアップにつながっている。自分のためだ」と思えるので、会社が期待している目標以上にがんばり、予定を上回る成果を出したりします。

SNS世代の宿命

また、〝昭和〟と大きく異なるのは、SNSの存在です。SNSではほかの会社の情報が入りやすく（多少盛られた話が多いのですが）、比較しやすいため、「うちの会社よりあっちの方がいいじゃないか」と思いがちです。

さらに、SNSでつながっている友達が多いと、それぞれが年に1回の特別な日についてアップしているだけなのに、「みんなキラキラしている。それなのに私は……」と自己信頼が落ち、悩んでしまう。そんな状況に陥りがちです。

実際、アメリカのユタ州の大学生を対象とした研究[3]では、Facebookの利用歴が長く利用量が多いほど、自分よりも他者が幸せであると認知し、人生は不公平だと認識したと示しました。

また、信州大学の岡本卓也准教授は、SNSストレスの研究において、他人の楽しそうな投稿を見ると自分と比較して悲しくなったり嫉妬したりしてしまう、SNSを見ていると他人が自分よりも幸せそうだと感じるなどの「社会的比較」に関するストレスを感じること、そしてそれが精神状態に強いマイナス影響を与えていることを

クローズドな環境からオープンな環境へ

かつては情報が
限られていた

今は情報に溢れ、
すぐに比較される

明らかにしました。[4]

かつては良くも悪くも情報が限られたなかで、自分の意図せぬ情報に邪魔されることなく部下と向き合うことができました。飲みに連れ出し、「これはお前だけな」とクローズドな環境で親密な関係を築くこともできました。昨今と比較すると相対的に、伝えたいことをしっかり聞いてもらいやすい環境だったと言えます。しかし、今後再びそのような環境に戻ることはないでしょう。

良くも悪くも情報が流通し、何ごとも比較される時代です。かつては居酒屋で「こういうもんなんだよ！」と話せばすんでいたことも、今は同じようにはいきません。その場でスマホを開かれ、「（インターネットやSNSで見たら）ほかの会社はこういうやり方もしてますよ。うちの部署はやらないんですか？」なんて言われてしまいます。

情報がオープンになっているなかで、説明責任を果たさないといけない部分が増えているのです。

オンラインでは感情を共有しづらい

さらに、コロナ禍以降、多くの企業でリモートワークやオンライン会議が普及しています。もちろんたくさんのメリットがあるのですが、一方でコミュニケーションという意味では弊害も見られるようです。

川島隆太著『オンライン脳』（2022年、アスコム）によると、オンラインコミュニケーションでは「脳が同期しにくい」ことが実験を通して明らかになっています。対面ではなくオンラインのコミュニケーションが増えた今、情報は伝達できても、必ずしも感情は共感していないというのです。

もちろんオンラインでコミュニケーションしなければいけないのは若手だけではありませんが、対面でさまざまな経験を積み上げてきた世代とは異なるということを意識する必要があります。

以上のように、若手は昔とは異なる就労観を持つうえ、SNSを通してさまざまな情報に日々影響されやすく、感情を共有しづらいオンラインコミュニケーションで仕事しなくてはならない。マネジャーたちはそんな彼らに働きかけていかなければなりません。そのため、これまでの経験だけに頼るのではなく、常に情報をアップデートしていくことが求められているのです。

2 https://tenshoku.mynavi.jp/knowhow/careertrend/11/
3 Chou, H.T.G. & Edge, N. (2012). "They are happier and having better lives than I am: the impact of using Facebook on perceptions of others' lives." Cyberpsychology, Behavior, and Social Networking, 15(2), 117-121.
4 岡本卓也「SNSストレス尺度の作成とSNS利用動機の違いによるSNSストレス」(『信州大学人文科学論集』第4号 113-131頁 2017年)

★★★

1-2

部下が求めているのは金銭的な見返りだけではない

「金銭報酬」と「感情報酬」

注目される「感情報酬」という考え方

前節では世代間ギャップの話をしましたが、若い世代は、「いつまでこの会社にいるかわからないので、出世や昇進には興味がない。それよりも風通しが良い職場で働きたい。自己成長を実感できる仕事がしたい」と考える傾向が強いと言われています。

それは、働くことで得られる2種類の「報酬」のうち、「金銭報酬」だけでなく「感情報酬」を重視しているからであり、その重視度合いが高まってきているからだと考

感情報酬がより重視される傾向に

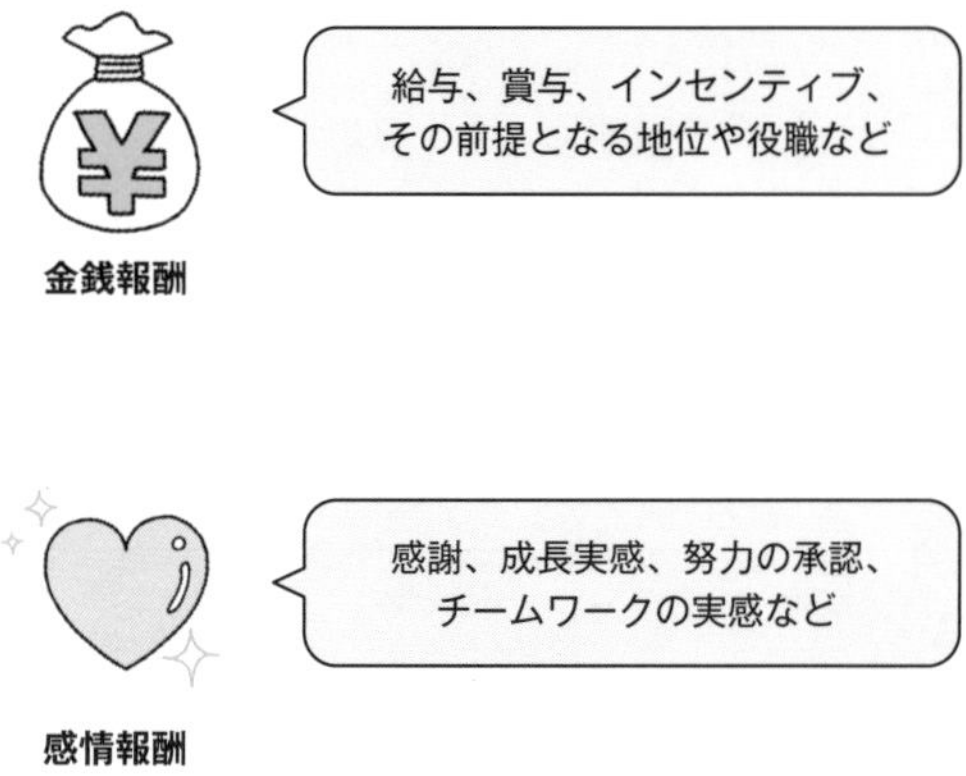

えられます。

「金銭報酬」とは、「お金」そのものです。評価によって決まる給与や賞与、インセンティブなど、直接的報酬としての金銭や物品など物質的メリットのあるもの。それに加えて、給与額の前提となる地位や役職（部長や課長などのポスト）もこの一部と言えます。後者を「地位報酬」と呼ぶ場合もあります。

一方、「感情報酬」とは、たとえば「ありがとう」「いつもがんばっているね」といった感謝の声かけや、仕事によって自分が成長していると実感できたときの満足感など、「感情」が満たされることによって得られる報酬です。

感情報酬は4つに分類できる

良い組織は、そんな感情報酬に溢れています。ちょっとしたことでも「ありがとう」を言い合えるとか、お互いに感情報酬を共有し合うとか、感情報酬のつくり手がたくさんいる状態になっています。

近年、サイバーエージェントやゲーム開発のアカツキなど、比較的新しい企業を中心に、感情報酬という考え方が明確に共有され、社内施策に落とし込まれている企業が増えてきているので、耳にしたことがある方も多いかもしれません。

リンクアンドモチベーションでは、感情報酬を「貢献欲求」「承認欲求」「親和欲求」「成長欲求」の4つに分類して捉えています。

感謝の言葉をもらうことなどで満たされる貢献欲求、努力が認められることなどで満たされる承認欲求、良好なチームワークを通して得られる親和欲求、知識や技術が向上することで得られる成長欲求の4つです。これらを満たすことで、社員の働くモチベーションを引き出せると考えています。

金銭報酬は有限、感情報酬は無限

感情報酬が大事な理由は大きく分けて2つあります。

まず1つ目は、金銭報酬は有限であるからです。

給与は、上げるのは簡単ですが下げるのは難しいものです。給与を受け取る側として、減給はなかなか心理的に受け入れられないからです。ただ、経済状況や企業の業績は乱高下する可能性があります。だからこそ、どんなに業績が良くても、給与をどんどん上げたりボーナスを大盤振る舞いするということを続けるのは難しいのです。

しかも、金銭報酬だけが目的になると、少しでも減ったらやる気が下がったり、不平や不満のもとになりやすい。さらに、特に報酬に関係なく仕事そのものに喜びを見出して自発的にがんばっていた人が、それに対し金銭報酬が出たとたん興味を失ってやる気も下がるという「アンダーマイニング効果」を引き起こす危険性もあります。

一方で感情報酬は無尽蔵で、配ろうと思えばいくらでも配れます。感情報酬が注目されるのは、そういう背景もありますが、それだけではありません。

感情報酬を重視すべきもう1つの理由は、経済の成熟化に伴い、感情報酬の重要度が高まってきたことにあります。

物質的に満たされた人は、精神的に満たされることを求めるようになります。そのような心理がわかりやすく整理されているのが、アメリカの心理学者、アブラハム・マズローの「欲求階層論」です。マズローは、人の欲求を5段階の階層で示しました。

1つ目は、「生理的欲求」。食べる、寝るなど、人が生命を維持するために必要となる基本的・本能的な欲求です。

2つ目は、「安全の欲求」。安全に過ごすことができる環境や、最低限の暮らしを確保したいという安心や安全を求める欲求です。

3つ目は、「社会的欲求」。孤独を避け、誰かとつながり、愛し愛される仲間を求め

マズローの欲求階層論

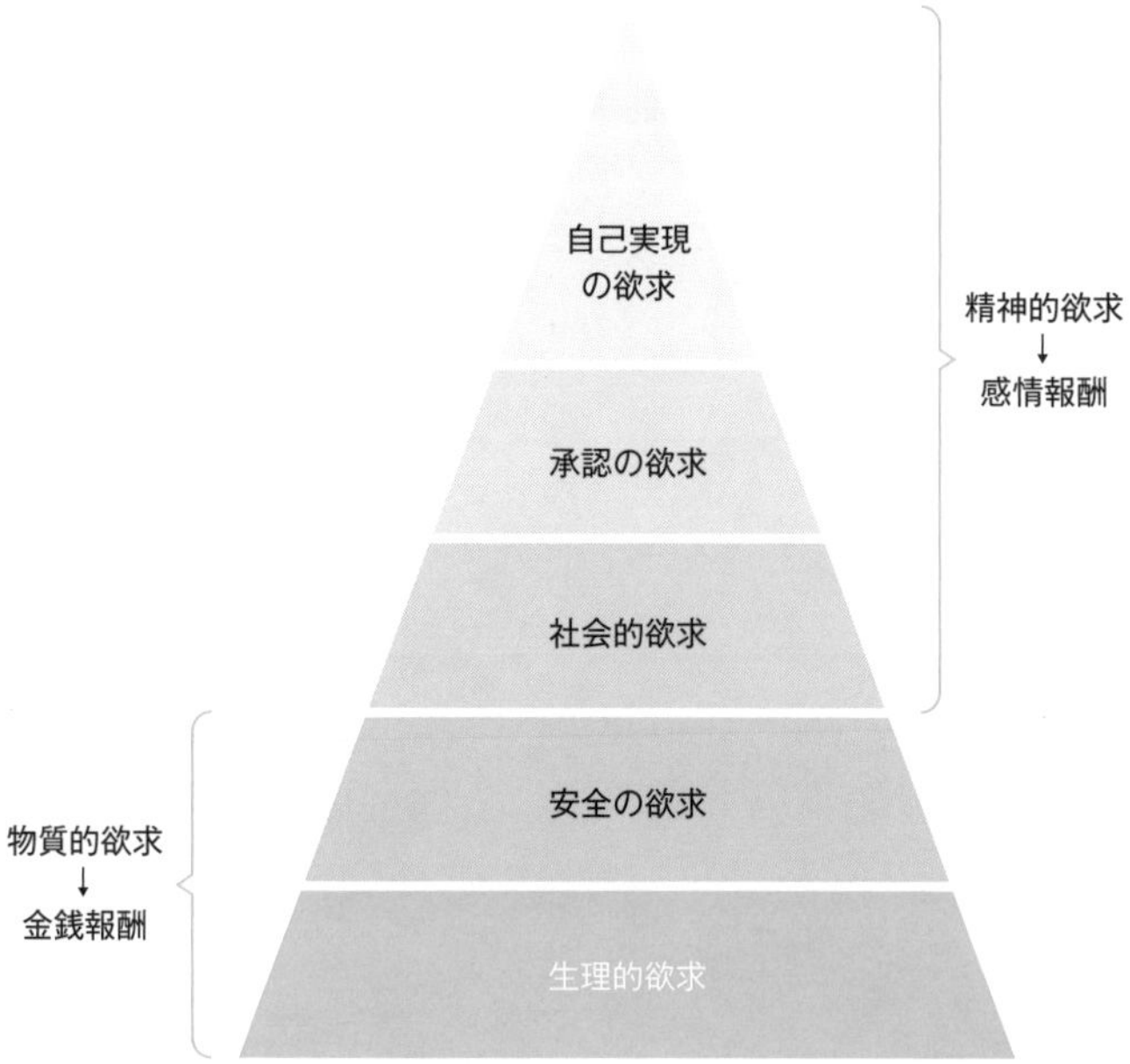

る欲求です。

4つ目は、「承認の欲求」。単に仲間になるだけでなく、他者から認められ、尊重されたいという欲求です。逆にこの欲求が満たされないと、劣等感や焦燥感、無力感などを得ることになります。

5つ目は、「自己実現の欲求」。他者からの承認を離れ、自分自身の行動や成長に関心が移り、より創造的に能力を発揮し、自己実現することを求める欲求です。

これら5つの欲求のうち、最初の「生理的欲求」と「安全の欲求」は物質的欲求で、「金銭報酬」につながるものです。そして、残りの3つ「社会的欲求」「承認の欲求」「自己実現の欲求」は精神的欲求で、「感情報酬」につながるものと言えます。

これらの5つの欲求は、ピラミッド型の階層で示されることが多く、それぞれ低次の欲求が満たされると、より高次な欲求が出てくるとも言われます。

つまり、報酬においても、最初は金銭的報酬を求めていたとしても、それだけでは満たされなくなり感情報酬も重要になってくる。人事評価でも、そのような感情報酬を重視する運用が欠かせないのです。

人は「勘定ではなく感情」で動く

感情報酬の大切さは、歴史のなかにもよく表れています。2022年NHK大河ドラマ『鎌倉殿の13人』でも話題になった、鎌倉幕府の立ち上げから確立までにおいても、基本的に「評価」をめぐってもめごとが起きます。

領地を持たない源頼朝が挙兵するとき、数の上での劣勢をなんとか覆すべく、「お前だけが頼りなんだ」と感情に訴え、いわば感情報酬を提供することで、坂東武者たちを味方につけていきます。さらに、新しい敵を倒せば土地が手に入るので、がんばった御家人にそれを配布することで金銭報酬も成立し、皆がもっとがんばろうとする。

ところが、ある特定の御家人だけが引き立てられたり、同じようにがんばって貢献したにもかかわらずねぎらいの言葉がなかったり。そういう嫉妬や妬み、評価や報酬に対する不満が募り、危機に陥るわけです。

似たような例はどの時代、どの国にもあります。「評価」はある意味、「国が倒れる」ほど決定的な影響を及ぼすわけです。

人は、感情の生き物です。古典的な経済学では、常に合理的に経済的利得だけで動く「完全合理的な経済人」を想定してきました。ですが、ノーベル経済学賞を2002年に受賞したダニエル・カーネマンや、2017年に受賞したリチャード・セイラーらが研究する「行動経済学」では、人間は時には非合理的な「感情」で動くこともある「限定合理的な感情人」だと考えます。

学生時代などに経験したボランティア活動や地域活動で、周囲の人に頼りにされたときに感じたような喜びを得られるかどうか。自分が成長する機会があるかどうか。そういった観点から仕事を選ぶケースもあるかもしれません。必ずしも金銭報酬が高い仕事を合理的に選ぶわけではない、という事例は身近にあるのではないでしょうか。

つまり、人は「勘定ではなく感情」で動く。経済学においても「人間は損得だけでは動かない」と考える今、企業も「社員は損得だけでは動かない」と考えるようになっているのです。

★★★ (1-3)

原資が有限だからこそ人事評価は難しい

「絶対評価」と「相対評価」

制度の長所と短所を把握しておく

人事評価の前提知識として押さえておきたいもう1つの概念が、人事評価には「絶対評価」と「相対評価」の2種類があるということです。

「絶対評価」は、他人との比較ではなく、シンプルに本人が目標を達成できたか否かで評価する方法です。

スポーツでたとえるとマラソンや短距離走などで、大会出場のための基準となるタイムがあり、それを予選でクリアできるかどうかを測るようなもの。オリンピック代表候補になるには、たとえば「男子フルマラソンは公式大会で2時間X分以内の記録を出すことが必要」「女子100mは11秒YY」などと設定されているのが、絶対評価の基準です。

最近は陸上競技や競泳、スピードスケートなどの大会において、「参加標準記録」という絶対評価での出場基準が示されることが通例になってきました。他人との比較ではなく、本人がどれだけの記録を出したかで評価するものです。

絶対評価は、目標に対する自分の結果や成果だけが評価の根拠になるというわかりやすさがあります。

一方で、陸上競技ほど目標と結果が一目瞭然な仕事ばかりではありません。管理部門など成果を数値化しにくい業務を担う部署のメンバー、あるいは開始から終了まで5年かかるなど長期的なプロジェクトを担うメンバーに、「純粋に、目標に対する結果で評価するよ」と言っても納得感が得られません。

「じゃあ、何をどの程度の基準までやることを目標にするのか?」「私にとっての『参加標準記録』は何?」という具合に、目標設定段階でのすり合わせが極めて重要にな

100m走のタイムで評価をつけた場合……

絶対評価 基準を満たしたか否かで評価

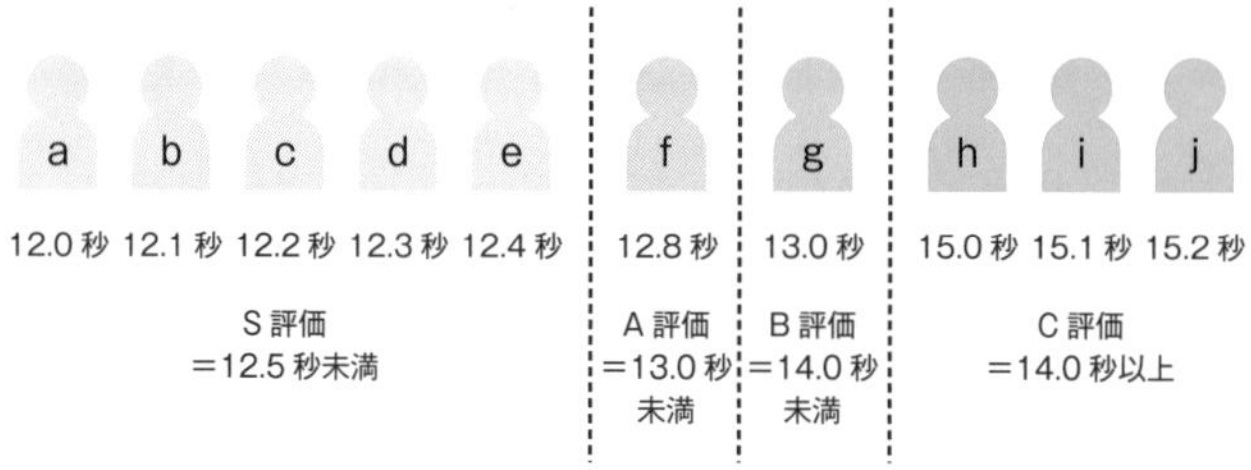

相対評価 他者との比較で評価

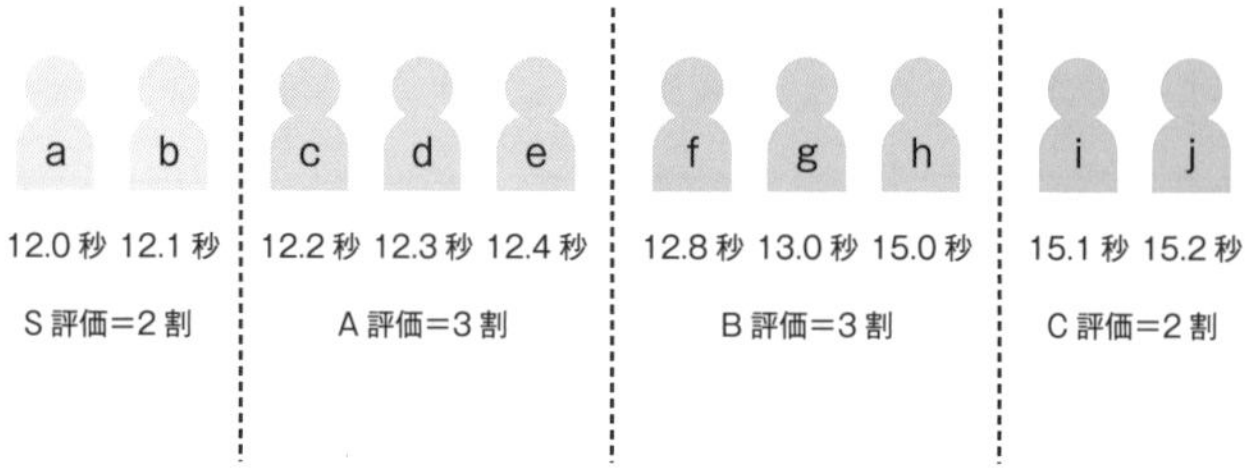

ります。

陸上競技や水泳のように、ほぼ同じ条件で全員を評価できるのであればわかりやすく納得感が高いのが絶対評価なのですが、その仕組みを「ほぼ全員が異なる条件・環境下で働く企業組織」の人事評価にあてはめると、高い運用力が求められる。この点に注意する必要があります。

一方で、「相対評価」は、他者との比較によって評価すること。

先ほどと同じくスポーツで考えてみると、「上位3人がオリンピック代表に内定」「1位が金メダル、3位までが表彰台、8位までが入賞」などのように、他者との比較によって優劣評価が決まる仕組みです。

ある選手が事前に立てた目標値よりもずっと速い自己新記録を出したとしても、全体での順位が4位だったら、表彰台には上がれません。このように、チームや組織のなかで、相対的にどのくらいのがんばり具合か、成果を出しているかなど、順位をつけて評価するものです。

そのため、本人がいくらがんばっていても、ほかの人がもっとがんばって結果を出していると、どうしても評価が低くなってしまう。逆に、周囲があまりがんばっていなかったり、調子が悪いメンバーが多かったりすると、普通程度のパフォーマンスでも相対的には一番上になってしまうことも理屈上はありえます。

このように、「自分の目標に対する結果だけで評価が決まらない」「成果を出した分だけ報われるわけではない」のが相対評価です。企業の現場はスポーツの試合とは異なり、順位を決めることでメダルの授与があるわけではないので、評価される側に不満が残りやすい評価方法ではあります。

モヤモヤが残りやすい現実

そして、現場で評価運用を担う管理職にとって悩ましいのは、多くの企業がこの絶対評価と相対評価を併用していることです。

絶対評価だけにせず、相対評価もとり入れている最大の理由は、金銭報酬の原資に限りがあるという点。絶対評価をしていると、ついつい上司が、「みんながんばっているから」と甘く評価し、全体の評価が上振れするケースが出てくるからです。そのため、組織のなかで、S評価を2割、Aを3割、Bを3割、Cを2割、といったようにそれぞれ比率を決めて評価していることが多いです。

ただそうすると、顧客や価値ではなく相対評価ばかりを気にする内向きの思考になりやすい。より高い成果や評価を得るために「自分自身がどう成長するか？　どう顧客価値を高めるか？」と考えるより、「あいつより俺の方ががんばっているのに、またまいいお客さんを持っていただけで……」とか、「あの人が今度のプレゼンで失敗してくれれば課内での評価も逆転するかも……」など、妬みや他者の不幸を願うような感情が芽生えやすくなってしまいます。

また、受験のように、同じ学力でも違う母集団のなかに入ると合格の可能性が高くなったり低くなったりするのと同様、「隣の部署だったらこのくらいの成果を出していればS評価なのに、ここは精鋭がそろっているから全然評価されない」などと不満につながります。

ありがちなのが、絶好調で全員活躍している部署Aの10人中8位だった人と、めちゃくちゃ調子が悪かった部署Bの1位だった人のあいだで生じる不満です。

売上の額を比較すると部署Aの8位の人の方が上だったとしても、部署内での評価はCで、なんだかモヤモヤしてしまう。

他部署に目を向けたりしなければ、「まあそうだよね」と納得できても、ちょっと違う条件のもとで比較しようとすると、「いや俺の方が仕事の難易度が高いし」とか、「あいつの方が数字が悪いじゃん」などと文句が出やすい。しかも、それが昇格にも影響してくるとなると、「なんであいつの方が早く課長に上がっているのか」などと感情が揺れ、もめる原因になります。

だからといって、評価ランクの割合を決めないと、マネジャーは「みんなそれぞれがんばっているし」と思ったり、時には「嫌われたくない」という気持ちも働いて、大半のメンバーにSかAをつけてしまう。だからこそ、人事は相対評価の運用を求めるのであり、部下への思いと制度の適切な運用との狭間で管理職も揺れるわけです。

「絶対評価」と「相対評価」、それぞれに長所と短所があることを理解したうえで、なぜその制度が採用されているのかを認識し、運用することが求められます。制度の不公平さとどうつき合っていくかについては、次節で解説します。

（1-4）

★★★

ルールそのものより、そこに何のメッセージを込めるか

万人に公平なルールや制度は存在しない

パウロスの全員当選モデル

前節で、人事評価制度においては絶対評価と相対評価を併用せざるをえないこと、そして後者は不満が残りやすいことをお伝えしました。

そもそもこの世の中に、万人にとって公平なルールや完璧な制度はありません。人事評価に限らず、政治や経済などあらゆる社会の仕組みにおいて、誰にとっても等しく公平なルールや制度など存在しえないのです。

どのようなルールにも長所と短所が存在し、相対的に恩恵を受けやすい人と受けにくい人がいる。これは、ルールや評価を運用する立場にある管理職はもちろん、評価を受ける立場の方々も理解しておくべき理《ことわり》です。

それを数学的に証明したのが「アロウの不可能性定理」です。アメリカの数理経済学者であるケネス・アロウは、1951年に証明したこの定理によって、完全に公平な投票、完全に民主的な社会的決定方式というものは存在しえないことを数学的に示しました。

アロウの定理は非常に難解なため割愛しますが、この意味するところを比較的わかりやすく教えてくれるものとして、「パウロスの全員当選モデル」があります。これは1991年にテンプル大学の数学者ジョン・パウロスが考案したもので、簡単に言うと、「投票が終わったあとに決定方式を決められるようにすると、候補者全員が、『自分が当選者だ！』と主張できてしまう」というものです。

たとえば、次のような状況を思い浮かべてみてください。

とあるベンチャー企業では来期に向けて、メンバーの多様な意見を人事に反映しようという方針のもと、新たに必要となる管理職のポストを立候補で募ることにしました。ただし、立候補者が複数名いた場合は、全員による投票で決めることにします。全部で5名から手が挙がったので、立候補者以外の全員（55名）で投票することになりました。投票者55名には、あとでしっかり検討できるように、立候補者5名の順位を1位から5位までつけてもらいました。

その結果、1位から5位の投票結果は、図に示したAからFの6パターンに集約されました。

さて、この結果から、誰を新しい管理職のポストに登用すべきでしょうか？　実はこの結果、決め方次第では全員が登用される可能性があるのです。

まず、「単記投票方式」で決めたとします。これは、「1位票を最も多く得た人が選ばれる形式」です。単純な多数決と思ってもらえば良く、最初から「1人だけ名前を書いて投票してください」と言うのが一般的です。そして、この方式であれば、佐藤さんが登用されます。

次に、1位票の多かった上位2者で決選投票する「上位二者決選投票方式」。この場合、佐藤さんと鈴木さんの決選投票となり、結果、鈴木さんが登用されます。

3つ目に、1位票が最も少ない者から除外して投票を繰り返す「勝ち抜き決選投票

投票結果はA〜Fの6パターンに

順位	A パターン	B パターン	C パターン	D パターン	E パターン	F パターン
1位	佐藤	鈴木	高橋	田中	渡辺	渡辺
2位	田中	渡辺	鈴木	高橋	鈴木	高橋
3位	渡辺	田中	渡辺	渡辺	田中	田中
4位	高橋	高橋	田中	鈴木	高橋	鈴木
5位	鈴木	佐藤	佐藤	佐藤	佐藤	佐藤
人数	18名	12名	10名	9名	4名	2名

単記投票方式

順位	A パターン	B パターン	C パターン	D パターン	E パターン	F パターン
1位	佐藤	鈴木	高橋	田中	渡辺	渡辺
2位	田中	渡辺	鈴木	高橋	鈴木	高橋
3位	渡辺	田中	渡辺	渡辺	田中	田中
4位	高橋	高橋	田中	鈴木	高橋	鈴木
5位	鈴木	佐藤	佐藤	佐藤	佐藤	佐藤
人数	18名	12名	10名	9名	4名	2名

上位二者決戦投票方式

順位	Aパターン	Bパターン		Cパターン	Dパターン	Eパターン	Fパターン
1位	佐藤	鈴木		高橋	田中	渡辺	渡辺
2位	田中	渡辺		鈴木	高橋	鈴木	高橋
3位	渡辺	田中		渡辺	渡辺	田中	田中
4位	高橋	高橋		田中	鈴木	高橋	鈴木
5位	鈴木	佐藤		佐藤	佐藤	佐藤	佐藤
人数	18名	12名	←	10名	9名	4名	2名
				※C～Fの票が鈴木に流れる			
1位	佐藤	鈴木					
	18名	37名					

勝ち抜き決選投票方式

1回戦

1位	佐藤	鈴木	高橋	田中	渡辺
人数	18名	12名	10名	9名	6名

※渡辺が脱落。

2回戦

1位	佐藤	鈴木	高橋	田中
人数	18名	16名	12名	9名

※渡辺票が鈴木と高橋に流れ、田中が脱落。

3回戦

1位	佐藤	鈴木	高橋
人数	18名	16名	21名

※田中票が高橋に流れ、鈴木が脱落。

4回戦

1位	佐藤	高橋
人数	18名	37名

※鈴木票が高橋に流れ、佐藤が脱落。高橋が選出

順位評点方式

名前	合計	計算式
佐藤	127点	(5点×18人)+(4点×0人)+(3点×0人)+(2点×0人)+(1点×37人)
鈴木	156点	(5点×12人)+(4点×14人)+(3点×0人)+(2点×11人)+(1点×18人)
高橋	162点	(5点×10人)+(4点×11人)+(3点×0人)+(2点×34人)+(1点×0人)
田中	191点	(5点×9人)+(4点×18人)+(3点×18人)+(2点×10人)+(1点×0人)
渡辺	189点	(5点×6人)+(4点×12人)+(3点×37人)+(2点×0人)+(1点×0人)

総当たり投票方式

	佐藤	鈴木	高橋	田中	渡辺
佐藤		●(18-37)	●(18-37)	●(18-37)	●(18-37)
鈴木	○(37-18)		●(16-39)	●(26-29)	●(22-33)
高橋	○(37-18)	○(39-16)		●(12-43)	●(19-36)
田中	○(37-18)	○(29-26)	○(43-12)		●(27-28)
渡辺	○(37-18)	○(33-22)	○(36-19)	○(28-27)	

方式」。この方式だと、再投票を繰り返した結果、高橋さんが登用されます。

4つ目は、すべての順位づけをして総得点が多かった人を選ぶ「順位評点方式」。1位は5点、2位は4点、3位が3点、4位は2点、5位が1点と設定して点数を合計すると、最高得点者は田中さんになります。

最後に、候補者それぞれを1対1で比較する総当たり戦で選ぶ「総当たり投票方式」。この方式だと、渡辺さんが全勝し、登用されます。

以上のように5種類の評価方式で結果を比べると、1位がすべて異なる結果になる、というのが「パウロスの全員当選モデル」です。同じ人たちが、同じ選択肢のなかから、同じ結果を導き出そうとしても、ルールや評価制度が異なるとすべて違う結果が出てしまうのです。

「査定」より大切なのは「メッセージ」

少々説明が長くなりましたが、単純な投票ですら公平ではないのですから、万人にとって公平な人事評価や完璧な人事制度は、そもそもありえません。

そこで重要になるのが、単に成績を数値化することではなく、組織として何を基準にし、どのような仕事を評価するのか、被評価者にどのような成長をして能力を発揮してもらいたいと思っているのかといった「人材育成や評価の方針・メッセージ」を明確にすることです。

メッセージを明確にするとはどういうことか。先ほどの「パウロスの全員当選モデル」で紹介した方式を例に挙げながら説明しましょう。

たとえば、管理職を「単記投票方式」に基づき登用するというルールにした場合、そこには「一部の人から嫌われていたりしてもいいから、熱烈に慕ってくれるメンバーがいる人を管理職にする」という「ルールに伴うメッセージ」が込められます。

このルールで今後も管理職を登用していくと決まった場合、「八方美人になるな。摩擦を恐れるな」「自分らしさ、自分ならではの強みで勝負しよう」などのアドバイスが増えるでしょう。

一方で、たとえば「順位評点方式」を今後の管理職登用ルールにするのであれば、メッセージは真逆です。先ほどの佐藤さんのように一部から評価される一方で、反対派を生んでしまう人材はこのルールでは評価されません。

全員から満遍なく一定以上の評価を得られる人を登用するルールですから、このルールにメッセージを込めるなら、「誰からでも信頼を得られる存在になれ」でしょう。

そしてそのために、社内外のさまざまなタイプの相手とうまく協業できるような調整力やヒューマンスキルを伸ばすよう求め、育成し、評価するというのが、このルールの意図やメッセージを的確に捉えた評価制度の運用と言えます。

制度に込められた意図は何か

いかがでしょうか。わかりやすく極端に対比してみましたが、2つの例では、登用される人材、つまり高評価を受ける人材が真逆でした。前者は「摩擦を恐れない人材」、後者は「誰からでも信頼される人材」。ここまで極端なことはあまりないと思いますが、皆さんの会社のどのようなルールや制度にも、このように「ルールに込められたメッセージ」があるはずなのです。

今ある人事制度や評価制度がつくられた段階で、経営や人事が何らかの意図を込めているはずです。まずはその「自社としての方針やメッセージ」を評価者自身が理解することが重要です。判断するうえで何を優先していくのか、どういう人材（成果・能力・行動など）を高く評価するのか、あるいは評価しないのか、その根拠は何なのかを、より上位の評価者や人事と確認し、しっかり自分のものにしましょう。

そのうえでメンバーにもそれを伝えること、そして十分伝わって理解されるよう、日頃のコミュニケーションにも織り込みながら丁寧に伝えていくことが大切です。

まとめると、「あらゆるルールや制度は、メッセージや願いを伝えるためのメディアやツールである」とも言えます。

「人事評価」も、単に査定してフィードバックする行為と捉えるのではなく、「目標設定」「日常会話」「振り返り」といったさまざまな機会を通じて自社方針を伝え、目指すビジョン、求めている人材像など、ルールに込められたメッセージの理解と共感、そして行動への落とし込みを促していく行為と捉えること。そして、そのメッセージを共に実現していくため、目指す成長を実現していくためのすり合わせ行為であると捉えることが重要です。

1-5　★★★

人の成長過程には仕組みがある

「成長期待直線」と「成長実感曲線」

人事評価の目標は「成果」と「成長」

そもそも、評価者が人事評価を通して目指すべきことは何でしょうか。1つは組織として「成果」を出すこと、もう1つは部下の「成長」を促すことです。

「成果」の方は、組織としての目標がたとえば「10億円の売上を出す」ことなら、チームとして、個人として何億円を目指せばいいのか見えてくるので、イメージしやすいでしょう。一方で難易度が高いのが、人事評価を通して「成長」を促すことです。

成長には「プラトー状態」がある

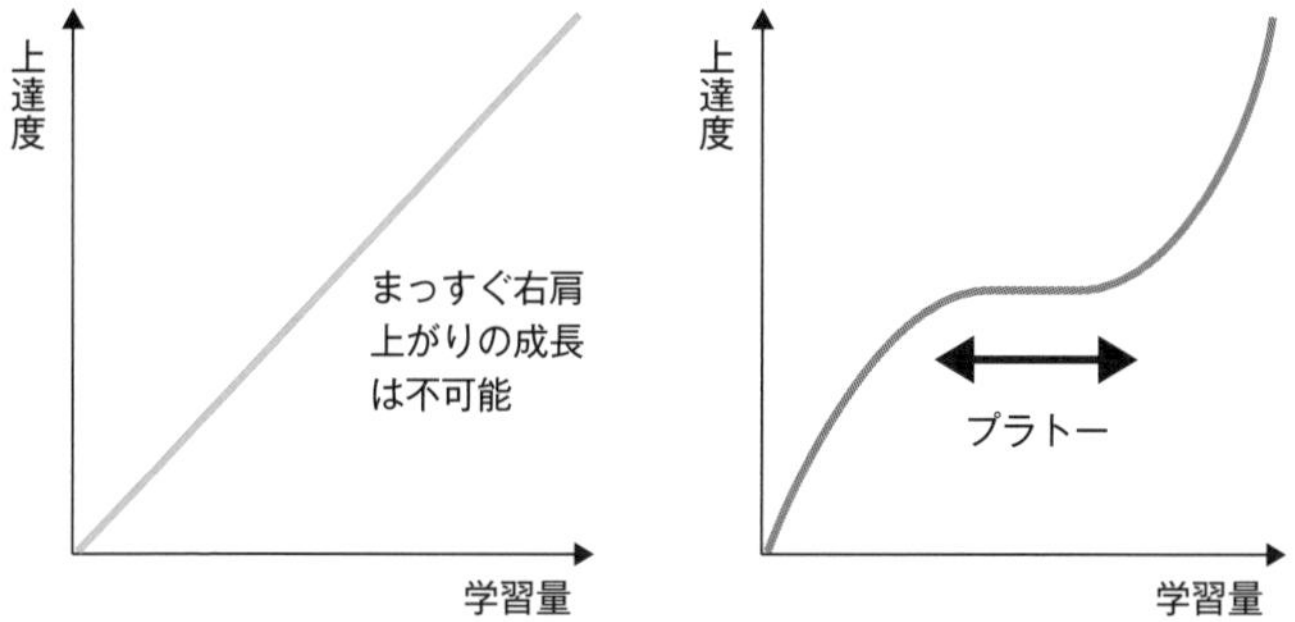

人が成長するというのは、これまでできなかったことができるようになること、もしくは、できる確率が上がることです。成長したくないと思っている人はほぼいないと言っていいでしょう。

人の成長過程は、決してまっすぐ右肩上がりではありません。途中で伸び悩みの時期があります。スポーツや受験勉強などでも見受けられることですが、最初は順調に伸びていても、ある一定のところで伸び悩みの時期があり、そこを乗り越えることでまたぐっと成長する。

この伸び悩みの時期は、「プラトー（学習高原）」と呼ばれ、成長実感が得られなくなり、感情的な苦しさがつきまといます。おそらくプラトー状態が大好きだという人は世の中に存在しないでしょう。

プラトーは誰にでも訪れるものですし、逆にこのプラトー状態を通過しなければ大きな成長は望めないとも言えます。

リンクアンドモチベーションでも、「成長とは階段のようなものだ」と捉え、伸びる時期とプラトーの時期が階段状になることで成長していくと社員に伝え、育成しています。ただ、自分が若手社員だった頃にふと考えました。

「階段状態ということはずっと同じ状態が続いているということ。しかし、昨日の自分と今日の自分は果たして同じなのだろうか。同じだとすると昨日に意味はなかったということになるが、そんなはずはない。きっと昨日にも意味があったはずだ」

若気の至りですが、「若手の自分でも毎日に意味があると証明したい」という思いが募りました。そして、自分なりに試行錯誤した結果、思いついたのが「成長期待直線」と「成長実感曲線」という理論です。

成長のプラトー状態の正体は何か

まず、個人の成長を、「ロールプレイングゲームのレベル上げ」になぞらえて整理してみようと思いました。

ロールプレイングゲームといえば、ドラゴンクエストシリーズやファイナルファンタジーシリーズなどが有名で、少し前では「ポケモンGO」なども流行りました。

ロールプレイングゲームでは、「経験値」をコツコツ貯めて一定基準を超えるとレベルが上がります。どのロールプレイングゲームもそうですが、レベルが低いときは経験値が簡単に貯まりますが、レベルが上がると必要な経験値も多くなり、経験値貯めの期間をかなり要します。

たとえば、ポケモンGOであれば、レベル30くらいから数カ月間という心が折れそうなほどの期間をかけて経験値を貯めることが必要になります。

さて、これを仕事に変換すると、経験値は「学びの量」に置き換えられると思います。

そこで、仮に個人の成長レベルを1つ上げるのに100個の経験値（＝学びの量）が必要だと考えてみます。

自分がイメージする成長の軌跡と現実にギャップがある

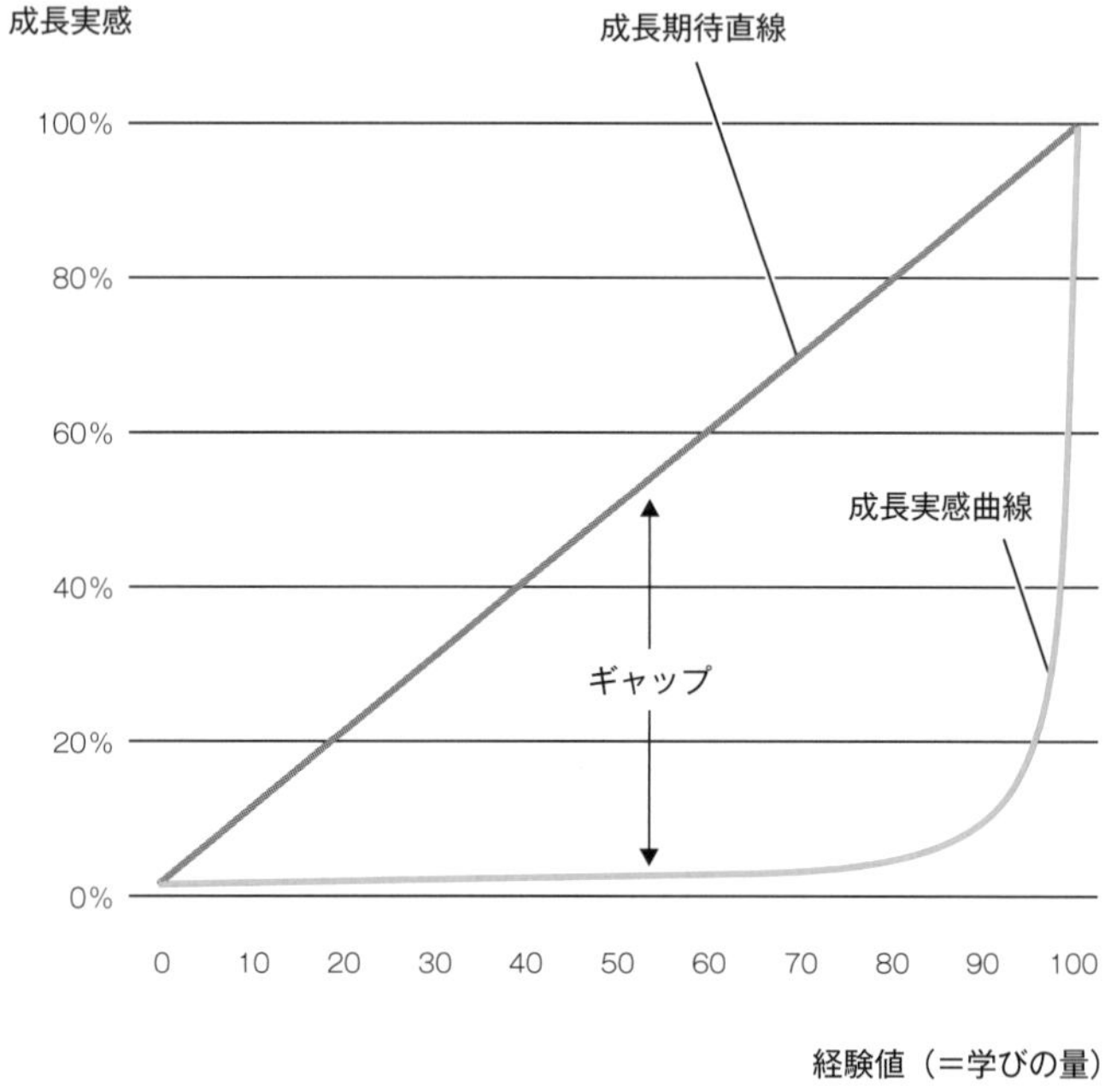

その過程を図式化してみました。縦軸が「成長実感」で、横軸が「経験値（＝学びの量）」です。成長実感は、あくまでも本人が感じる実感値だということがポイントです。

人は通常、図の直線部分のような「成長期待直線」をイメージします。1つ学びを積み上げたら、確実に1つ成長を実感できるという〝期待〟を持つということです。ただ、実際は学びを1つ積み上げても、成長するためには残り99個の学びが必要です。このときに抱く「成長実感」は、100に対し1なので、1÷100＝1％ということになります。次の学びのときは、99に対し1つ積み上がるので、1÷99＝1.01％です。

理論上は確実に前進しています。しかし、学びを50個積み上げたとしても、自分としては半分くらい達成している感覚なのに、1÷50＝2％にしかならない。時間の経過や学びの量と比較してまったく成長の実感が持てないことがわかります。これをグラフ化したのが曲線部分で、「成長実感曲線」と呼んでいます。

つまり、**プラトーの正体は、この成長期待直線と成長実感曲線のギャップが大きくなることによって生じる人間のバイアス**なのではないかと私は考えたわけです。

成長実感は経験値50で2%、経験値90で10%

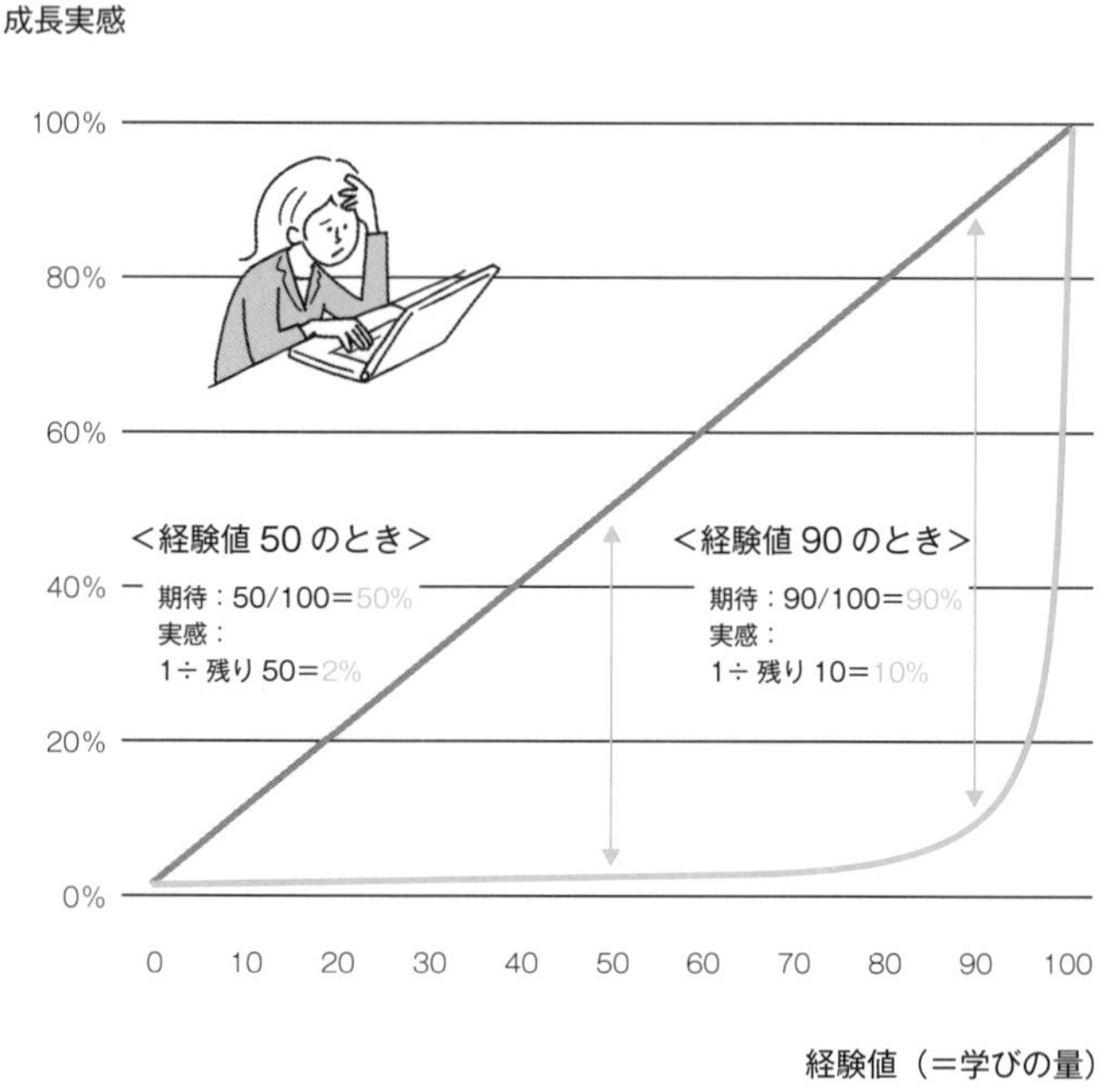

このギャップが大きくなればなるほど脳内で混乱や不安が生じ、「現状に意味があるのか、このままで成長できるのか、変革できるのか」と精神的に沈んでしまい足が止まってしまうケースが多いのだと思います。

確かに、学びを50個積み上げても、求めるレベルの2％しか成長実感が得られないとすると、誰しも不安になると思います。

ちなみに、成長期待直線と成長実感曲線のギャップが最も大きいのは横軸90付近です。夜明け前が一番暗いと言いますが、成長前が最大の踏ん張りどきだとも理解できます。

このギャップに耐えながらレベルアップしていくのは、相当なストレス耐性の持ち主か、意志の強さを備えたアイアンマンでない限りなかなか辛い武者修行です。だからこそ、周囲との差がつくポイントだとも言えます。

ただ、管理職として受け持つメンバーがみんなそのような鉄人とは限りません。むしろそんな人はいないという前提に立ち、どうするかを考える方が現実的かつ建設的です。

特にリモートワークで仕事していて情報が限られているこの時代、成長が横ばいに感じられると、どんどん苦しくなってしまいます。

「とりあえず踏ん張るんだ」「踏ん張った先にある日、スコンと抜けるんだ」と言われても、なかなかその気になれません。チーム全員が出社することが当たり前だったかつてなら、「みんなで一緒にがんばる」ことができたかもしれませんが、誰にも声をかけられることなく家で一人でがんばって、「スコンと抜ける」まで耐えられる人というのはそんなにいません。

人事評価を通じてメンバーの成長を実現したいと思っても、このように期待と実感のギャップからメンタル面の問題が起きる可能性、あと少しのところでモチベーションが尽きてしまう可能性があることも踏まえておかなければいけません。

第1章のまとめ

★若手と自分は、仕事に関する価値観が異なるかもしれないことを認識しておこう。

★人は「勘定ではなく感情で動く」ことを意識しよう。

★人事評価制度にどんなメッセージが込められているかを把握しよう。

★人が自分自身に期待する成長スピードと実感できる成長スピードにギャップがあることを知っておこう。

「ジョブ型雇用」になったらどうなる？

近年、よく話題にのぼる「ジョブ型雇用」ですが、これは働き手の職務内容をあらかじめ規定して雇用することを指します。日本では従来、メンバーシップ型雇用が主流で、雇用時に職務内容を限定せず、その都度職務を割り当ててきました。

「ジョブ」と言われて日本の若手の方がイメージするのはＡＩエンジニアや経理など、いわゆる「職種」だと思います。ジョブ型雇用への切り替えは、自分が何のスキルを高めていきたいのかを考える良い機会になるかもしれません。ただ、「ジョブ」は職種というより「ポスト」にイメージが近い側面もあります。

たとえば、１００億円の売上がある従業員１０００人の会社が、必要な管理職の比率は全体の20％と設定し、管理職全体のポストが２００人、そのうち上級管理職のポストは50人、と計算していく。そうすると、この事業規模ではこのくらいの人件費が発生するというのが論理的で明確になり、コストが管理しやすくなります。しかも、売上が伸びればポストの数を増やし、落ちれば減らすというようにシンプルに変動していく。

従業員からすれば、どのポストでどのような仕事をしているかによって給料が決まるので、給料を上げたければ、空いたポストを獲得するために、自分がそのポストにふさわしい能力があることを証明しなければいけない。マネジメントの経験がなければどこかでインターンをするとか、お金をかけてＭＢＡの資格を取得してくる。若手が〝何十年選手〟と対等に同じポストをめぐって競うことになるので、実際のところ欧米の若者は就職に苦労しています。日本のように誰にでも昇進のチャンスがあって、ある程度自動的に給料が上がっていくということはまずありません。

このように欧米のジョブ型雇用慣行では、「就職」するのでも「就社」するのでもなく、即戦力として「就ポスト」する文化だと表現することができます。

日本でジョブ型雇用というと、従業員が自分で専門性を決め、長期的なキャリアビジョンを描き、そのためには「これを経験したい」「これを学びたい」と自律的および自発的に考えるという面が強調されています。ただ、欧米では被雇用者が好んでキャリアビジョンを考えているというより、そうしないと食べていけないという側面が大きいです。

では、ジョブ型を導入すると、管理職にはどのような影響があるでしょうか。

まず、経営層、人事、管理職が事前にポスト要件を明確化し、そのうえでポストに対して人を社内外で公募することになります。つまり理想としては、ポストを明確化する段階で人事評価項目のほとんどが決まっていなければならないわけです。となると管理職は、目標設定の前に、ポストを設定することが求められるようになります。

部下にポスト要件を満たす人材がいなければ、人事を巻き込みつつ自ら動いて誰かを採用するのも管理職の役割になるでしょう。これまでのように、ジョブローテで誰かが来てくれるのを待つだけというのは許されなくなります。

また、目標設定も人事評価も、誰から見ても明瞭なように、より具体化することが求められるでしょう。もちろん、具体性が求められるというのは、ジョブ型でなく現行の制度でも同じです。

グローバルに展開している場合、対応が必須なのでジョブ型の人事制度に関して動きが早かった企業が多いですが、今後はどの企業でも俎上に載せられると思います。

ただ、雇用制度に関しても正解があるわけではありません。バズワードに流されずに、自社に最適な独自の形で設計し、運用するのがベストです。

第2章

評価がうまくいく目標設定の方法とは？

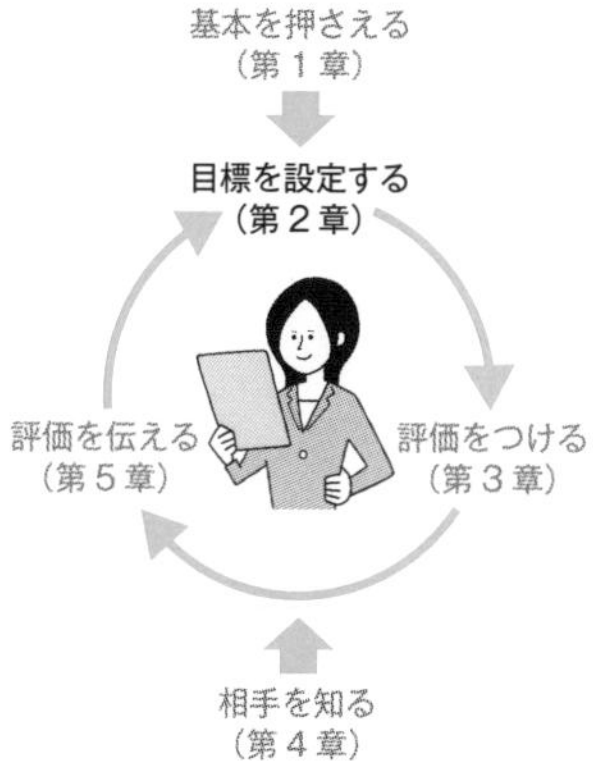

「人事評価は目標設定が9割」――目標がうまく設定できれば、評価をつけるのも、評価を伝えるのも楽な仕事になります。メンバーが勝手に成果を出し、勝手に成長してくれる。そんな状態を目指して、まずは目標設定に必要な考え方について見ていきましょう。

★★★

（2-1）

人事評価は目標設定が9割

ここがうまくいけば、あとが楽になる！

納得感をつくる

序章で、人事評価は「部下と共に目標を設定して、評価をつけて、それを本人に伝え、また目標を設定する」というのが基本的な流れだとお伝えしました。

人事評価というとその言葉通りに受け取ってしまい、とかく「評価する」という部分ばかりに力を入れがちです。でも実際には、「目標設定」が9割を占めると言ってもいいくらい大事なことです。

「人事評価は目標設定が9割」というのは、この本で最もお伝えしたいことの1つです。目標設定がしっかりできているとそのあとがうまくいくし、逆に目標設定があいまいだとたいていあとで何か問題が噴出します。

きちんと目標設定するということは、最初に「こういう視点でこんな評価をしますよ、こうすれば高い評価を得られますよ」というメッセージを伝えることになります。なので、結果的に部下にとっては文句を言いたくなりそうな評価だったとしても、「そういえばそういうルールだったな」と納得できるのです。

たとえば、日本のプロ野球には「クライマックスシリーズ」があります。もともとは、セントラル・リーグ所属の6球団とパシフィック・リーグ所属の6球団が、それぞれのリーグ内でまずレギュラーシーズン約140試合を通じて1位を決め、そのあとに両リーグの1位同士が日本シリーズで日本一を争うというシンプルなルールでした。

それが、2004年にパ・リーグでプレーオフ制度（現在のクライマックスシリーズ）が導入されたことで変わります。レギュラーシーズンで1位にならなくても3位以内に入ればトーナメントに進むことができ、さらにそこで勝利すれば、日本シリーズに進んで日本一になるチャンスもある。

私は福岡出身でソフトバンクホークスのファンなのですが、ある時期ホークスはレギュラーシーズンのリーグ戦では1位なのに、クライマックスシリーズで負けてしまうことが続きました。リーグ優勝したのに日本シリーズに行けないということが続いて、ファンとしては悔しい思いをしました。けれど、それが新ルール。「シーズン中は一番強かったのに……」と悔しいけれど仕方ない。そう納得するわけです。

一方で、ルールがあいまいなケースの場合、しばしば論争が起きがちです。たとえば2022年春の選抜高校野球で、ある地区からの選出校についてひと悶着が起きました。地区大会で優勝した高校と準決勝で敗退した高校の2校が選出され、選ばれると思われていた準優勝の高校が落選したからです。これは、どういう基準を満たした高校が選出されるのか、事前に明確になっていなかったから大批判を浴びたと言えます。

前章でも取り上げましたが、「万人に公平なルールはない」のです。人事評価制度という〝ルール〟が万全ではないからこそ、目標設定の段階で納得感をつくっておくことが大切になります。

「何を目標として掲げ、それをどのようにクリアすれば高い評価がつくのか」ということを、しっかり理解し合っておきましょう。そうでないと、もめるまでいかなくても、不満の種を残してしまう可能性があります。上司の主観と部下の主観がぶつかり合うと、なかなか納得感が得られません。

理屈ではわかっていても、これが実際には結構難しいのです。実際、評価者研修で「目標設定が大事ですよ」とお伝えすると、管理職の皆さんからは「そりゃそうだろう」という反応が返ってきます。でも、実際にどんな目標を設定しているのか見せてもらうと、「どうやってこれで評価するんだろう」とこちらが不思議に思うくらい抽象的な目標や基準だったりします。

上司と部下という関係のなかで、「普段から信頼関係はできているから、だいたいこういう感じでやっていけば大丈夫」と考えがちですが、「こんなつもりじゃなかったのに」というすれ違いから不満が募っていくということは、実はよくあります。

そこで、目標設定に欠かせない2つの視点を、まず確認しましょう。

全体像からの引き算

目標設定に欠かせない1つ目の視点は、「全体像からの引き算」です。

またプロ野球の話になりますが、監督はシーズンが始まる前に、全143試合をどう戦うのか、全体のイメージというか戦略を考えるはずです。そして、1試合ごとにどんなイメージで9回を戦い抜くのか。先発投手の調子が良かったケースや、早めに崩れたケースなど、いろいろな場面を想定するはずです。そのなかで、メンバーの特徴や仕上がり具合などを見つつ、誰にどれだけの負荷をかけていくか、何を期待するかなどをイメージしていくはずです。

そのような全体の設計図や勝ちシナリオを持って、そこから引き算で個々のメンバーの目標設定をしていくことが職場にも必要です。

まずは会社からチームに求められている成果から、チーム全体の目標とそこに至るまでの戦略をイメージし、それを達成するためには何が必要で、個々のメンバーがどこをどのように担っていくのか、そのために一人ひとりにどれだけの成長を期待するのかなど、しっかり時間をかけて個人レベルに落とし込んでいくことが大事です。

全体のイメージから個人目標を引き算する

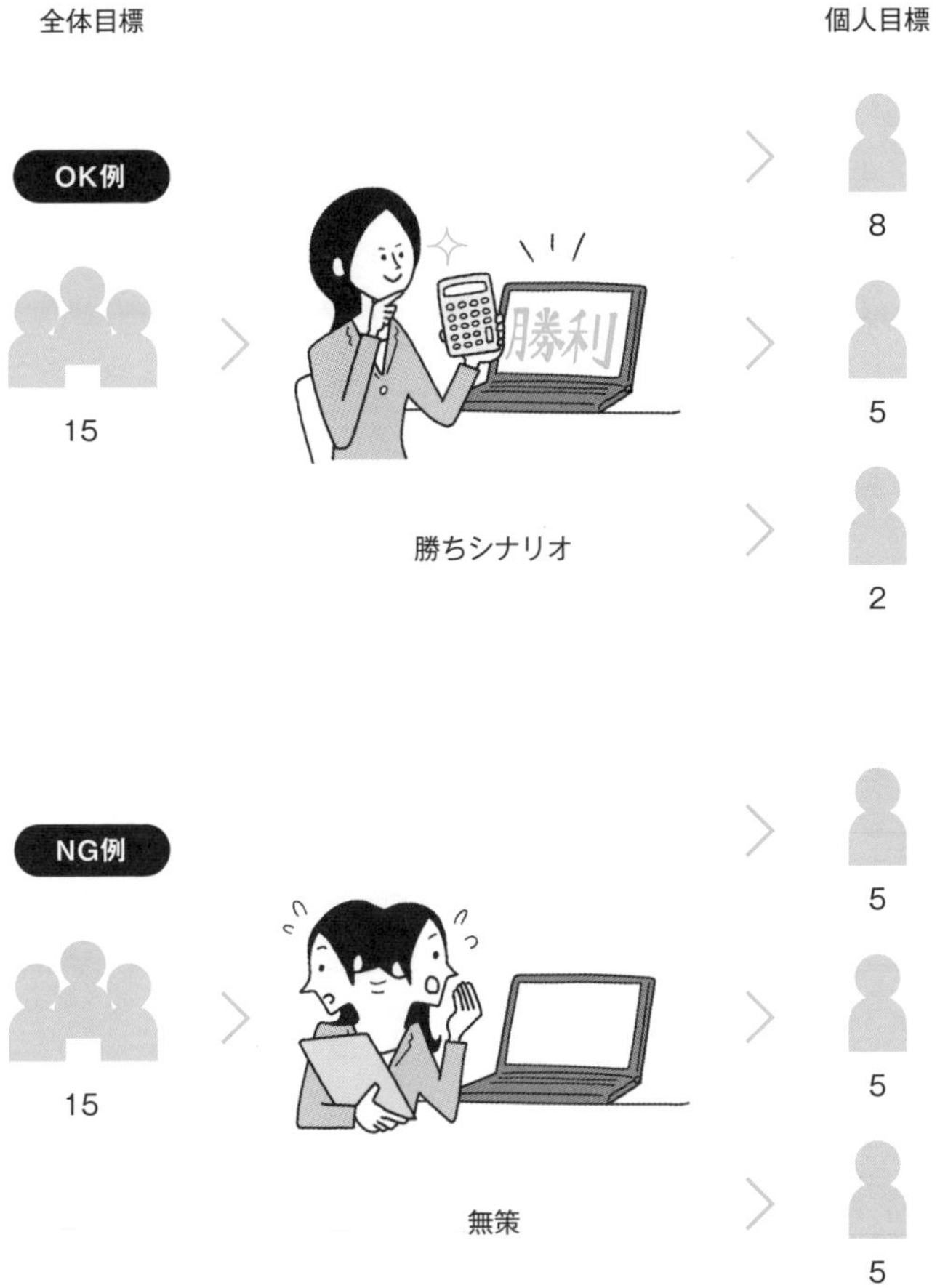

もしかすると、設計図通りにするためには、誰かに背伸びしてもらう必要があるかもしれません。逆に、チームの目標を達成しようと思うと今の人員では足りず、別のチームの誰かをアサインしなければならないという話になるかもしれません。

陥りがちなのが、マネジャーが全体の達成イメージを持っていないのに、とりあえず個々に割り振るという「無策の割り算」です。

プレイングマネジャーの場合、自分の仕事をこなしつつ全体像を考えている余裕がなく、達成シナリオや勝ちイメージがないけれどそれっぽく目標や役割を割り振って走り出すことがままあります。「途中で軌道修正も視野に入れつつ、とりあえず走り出しておこう」と言いつつ、何もせずあっという間に評価の時期が来てしまう。全体の設計図がないと、結果的に誰かにしわ寄せがいったり、誰かに急に何かをお願いしなければならなくなったりするケースもあります。

そして、ただマネジャーが全体像を持っているだけでなく、部下自身に全体像を伝えることも大切です。このチームはどんなルールで試合をして、どういう戦術をとっているから、自分はこれだけの成果を出す必要があり、それを期待されている。だから、ここまでがんばらないといけない、成長しないといけない、と納得するわけです。

基本的には、会社からの期待より高い目標を設定しようとする個人はそんなにいるものではありません。達成することで評価されるのであれば、目標は低めにしておきたいというのが人間の心理です。全体像もうまく伝えつつ、部下自身の意思を引き出しながら目標設定をすれば、本人に当事者意識も芽生えるはずです。

成長意欲とモチベーションを引き出す

ただ、全体像から引き算して個人の目標を設定しても、本人に成長への意欲やモチベーションがなければ、ただ仕事を分配するだけになってしまいます。成長への意欲が低いチームだと、「なるべく自分だけ損したくない」という意識が働き、たいてい仕事の押しつけ合いになってしまいます。

そこで目標設定に欠かせないもう1つの視点が、「部下の成長」や「部下のモチベーション向上」を促せるかどうかです。

よく、「目標」と「ノルマ」を混同する方がいますが、この2つはまったく異なる意味を持ちます。

「目標」は、ドラッカーが提唱した目標管理（Management by Objectives and Self-Control）にもあるように、自分自身で追いかけるものを掲げ、主体的に働き、より能力を解放していくためのもの。

一方「ノルマ」は、誰かが決めたものを強制的に押しつけられるという意味合いが強い言葉です。そのため、評価者研修などでは、「ノルマという言葉は絶対に使わないでください」とお伝えしています。

つまり、目標設定する際は、一方的に押しつけるのではなく、お互いに話し合いを通じて、部下が納得し、自分自身で「挑戦してみよう！」と能動的に動けるようになることが大事です。

成長意欲とモチベーションを引き出す目標設定の具体的な手法については、次節以降で詳しく見ていきます。

目標設定が適切であれば、部下が自身の目標を達成することで、モチベーションを上げていくことができます。そして何より、チームの成果が出やすくなり、結果的にマネジャーの仕事の生産性も高まり、マネジャー本来の仕事に集中しやすくなるのです。

(2-2) ★★★

目標設定技術を高めよう❶「SMART」の観点

モチベーションを高める具体的な目標を

モチベーションの公式

「モチベーションが上がらなくて困る」

「そういうことを言われるとモチベーションが下がるんだよな」――。

働く人にとって、モチベーションの維持と向上は不可欠です。

実はモチベーションには「公式」があり、3つの要素をかけ合わせることで高めることができます。それが、「目標の魅力（will）×達成可能性（can）×危機感

モチベーションには公式がある

モチベーション ＝ 目標の魅力（will）× 達成可能性（can）× 危機感（must）

（must）」です。

「やりたい（will）」という思いと、「できそう！（can）」という期待と確信を持ち、「やらなければ（must）」という意識が持てると、目標を達成していくモチベーションが高まり、維持されるというものです。つまり、目標設定でも、この3つをいかにうまく重ねていくかが重要なのです（より具体的な内容は第5章で解説します）。

この公式に則って明確に目標を設定するために役立つのが、「SMART」というフレームワークです。これは比較的有名ではありますが、外してはならない大事な観点です。

たとえば営業職などは、「どれだけ売るか」といった明確な数値目標が設定しやすく、比較的わかりやすい目標が立てられます。一方、経理や法務などの管理部門、あるいは保守運用など成果が数値化しづらい業務が中心の部署では、「ミスを起こさない」などのわかるようでわからない目標設定になりがちです。

そこで役立つのが、「SMART」。Specific（具体性）、Measurable（測定可能性）、Achievable（達成可能性）、Reasonable（妥当性）、最後にTime-bound（期限の明確性）の5つです。

明快な目標を設定するために満たすべき要件

まずはSpecific（具体性）。何をやるべきなのか、具体的かつ明確にすることです。たとえば、「○○の業務を効率化する」など方向性を示すだけでなく、「○○の作業を機械化し、所要人数▲▲人を□月までに▲人削減する」というように、効率化する内容を具体的にしていくというもの。具体化するにあたっては、「作業を機械化する」のように、目標達成するための手段や方法も同時に描くように意識すると具体

SMARTな目標設定とは？

Specific **具体的か？**	● 方向性を示すだけではなく、具体的な表現になっているか ● 目標を達成するための方法や手段を描くことができるか
Measurable **測定できるか？**	● 可能な限り数値化・定量化されているか（「～をがんばる」のような抽象的な目標になっていないか） ● 達成度の目安や実行の頻度などの測定指標を示しているか
Achievable **達成可能か？**	● 本人が適度な背伸びをして達成できるレベルになっているか ● 個人で達成可能か、周囲やチームの協力を必要とするものかなど、達成までの過程が明確か
Reasonable **部門目標に沿っているか？**	● 目標を達成することで、部門目標に貢献するものか（会社・部・課・チームなどの目標とリンクしているか） ● 目標の内容は本人の業務から見て妥当か
Time-bound **納期・スケジュールがあるか？**	● 目標に、納期やスケジュールが示されているか ● 目標が中長期にわたる場合、途中地点で目指す状態（マイルストーン）は明確になっているか

性が増します。

Measurable（測定可能性）は、可能な限り数値化・定量化して測れるようにすることを指します。「～をがんばる」や「～を向上させる」など抽象的な目標は避けましょう。たとえば、「○○の発生率を●％から●％まで低減させ、生産性を□月までに●％アップさせる」などです。向上させたり、がんばったりする内容を具体的にし、目標達成度の目安や実行頻度など測定指標を示すことが大切です。

定量化するのが難しく見える目標でも、工夫次第で定量化は可能です。〈目標を定量化するための観点〉の表を参考に、自分のチームで検証可能な指標を作成しましょう。

Achievable（達成可能性）は、現実的に達成可能であるかどうか。たとえば、「ミスを絶対起こさない」などは理想であったとしても、業務にさほど大きな影響のない小さなミスが1件あっただけで目標未達成が確定してしまい、それ以降のがんばる動機を維持しにくくなります。そのため、本当に一度たりともミスを発生させてはいけないことなのかを慎重に見極め、「○○に関するミスは発生率▲％を▲％まで低下させる」などのように、リカバリーの余地があるような目標にすることが望ましいと言えます。

目標を定量化するための観点

		営業・マーケティング	製造・生産	技術・クリエイティブ	管理・本部
アウトプットUP	量（売上／利益／生産数）	●売上高 ●粗利額 ●取引社数 ●マーケットシェア ●ページビュー数	●生産個数／量 ●不良品数／率 ●返品数 ●装置稼働率 ●平均在庫高	●PJT 本数 ●製作数 ●発明数 ●ナレッジ蓄積件数 ●新技術・事例開発数	●ROI（投下資本利益率） ●ROE（株主資本利益率）、ROA（総資産利益率） ●採用数 ●イベント開催数／動員数 ●社員定着率
	質（耐久性／デザイン性／利便性／話題性）	●成約率 ●顧客アンケート満足度 ●リピート率 ●提案書流用数 ●成功・失敗事例ナレッジ数	●品質基準を満たして生産した数 ●特許取得数 ●上司承認数 ●ミス・クレーム数 ●カイゼン提案数	●案件難易度別評価（SABCなど） ●ナレッジ（過去事例）流用数 ●学会など専門機関での発表数 ●受賞数（社内外） ●メディア掲載数	●従業員アンケート満足度 ●メディア掲載数 ●上司承認数 ●ミス・クレーム数 ●カイゼン提案数
コストDOWN	時間（効率向上／配分変更）	●投下先変更時間量 ●業務工数削減時間（定型業務・会議・各種プロセスなど）	●投下先変更時間量 ●業務工数削減時間（定型業務・会議・各種プロセスなど）	●投下先変更時間量 ●業務工数削減時間（定型業務・会議・各種プロセスなど）	●投下先変更時間量 ●業務工数削減時間（定型業務・会議・各種プロセスなど）
	モノ（装置稼働／設備稼働時間削減）	●備品削減数 ●仕入先再選定（量／質）	●設備稼働削減時間 ●装置稼働削減時間	●備品削減数 ●仕入先再選定（量／質）	●備品削減数 ●仕入先再選定（量／質）
	カネ（原価／経費）	●外注費削減 ●CPA（広告成果当たりの支払額）改善	●材料費削減 ●外注費削減	●材料費削減 ●外注費削減	●外注費削減 ●固定化比率、流動比率の改善

その一方で、簡単すぎる目標でもいけません。多くの人は「簡単にクリアできそうだな」と思えば、わざわざ全力を出しません。目標の難易度に応じて力の発揮度合いを調整するのは自然なことです。

目標は個人の成長を促すためのものでもあるので、簡単にクリアできる目標を与えるということは、本人の成長スピードを一定期間鈍化させることにもつながりかねません。個々の能力や状況を踏まえつつ、少し背伸びをして達成できるレベルの目標を設定することが大切です。

そして、個人で達成可能なものなのか、周囲やチームの協力を必要とするものなのかなど、達成までの過程も明確にしていくことで、多少高めの目標であったとしても、達成までのイメージを抱きやすくなります。

Reasonable（妥当性）は、個人目標が組織目標に沿っているか、組織方針から見て妥当かという観点です。会社・部・課・チームなどの組織目標とつなげて個人目標が設定されており、個人目標の達成がどのように上位組織の目標達成に貢献しているのかが明確になっていることが重要です。

成長意欲が高いメンバーにありがちな現象として、プラスアルファで掲げたいと言ってきた挑戦目標が、組織全体の方針からすると緊急度や重要度が低いものになっているというケースはしばしば耳にします。意欲的なのは良いことなのですが、人事評価に用いる目標として掲げるのにふさわしいか否か、会社や組織のベクトルに合致しているか否かは、慎重に見定めることが大切です。

Time－bound（期限の明確性）は、よく言われることですが、期限やスケジュールを明確にしておくことです。特に、中長期にわたるような目標の場合は、途中経過など細かくスケジュールを切った目標にしておく、マイルストーンを明確にしておくなどの工夫が必要です。そうしないと、「まだ時間がある」や「とりあえず緊急度の高い目の前の仕事を優先しないと」となりがちで、結果的に目標達成が難しくなるということもあります。

何よりも、この3カ月、半年、1年で自分がどのように過ごせばいいのか、どのようなことにチャレンジをしていけば何を達成できるかが明確になると、モチベーションも上がります。そのようなワクワクした前向きな気持ちを生み出すのが、目標設定の重要なポイントです。

陥りがちな失敗例と、見直しの視点

実際に目標を設定してみたけれど、部下とのあいだでなんとなくわかったような気になりつつも、じゃあ具体的にどう動けばいいのかが明確になっていない。どうも、実現に向けてすぐとりかかれるイメージがわかない。そんな目標設定が意外に多いのではないでしょうか。

よくあるのが、「～を目指す」「～を心掛ける」といった言葉。それはただの決意表明にすぎず、「がんばります」と言っているだけです。

また、「～を強化する」「～を確立させる」なども、具体策が不明なので、あまり目標にふさわしい言葉ではありません。

「～を推進する」「～を徹底する」というのも、「やります」を言い換えているだけで、「何をどこまでいつまでに」のディテールが必要です。さらに、「～を検討する」「～を追求する」といった言葉も要注意です。検討した結果どういう状態にするのか、追求した結果どうなりたいのかというところまで表現する必要があります。

たとえば、「迅速化する」という言葉を使っているなら、「～を～することにより所

こんなにある！ 要注意ワード

ただの決意表明！

「～を目指す」「～を心掛ける」「～努力する」

具体策が不明！

「～を強化する」「～を確立させる」「～を整える」「～を円滑に行う」「～を効率化する」「～を向上させる」「～を管理する」「～を定着させる」「～を共有する」「～を明確化する」「～を把握する」「～を浸透させる」

DOを言い換えているだけ！

「～を推進する」「～を徹底する」「～に携わる」「～を図る」「～を遂行する」

その結果どうしたい？

「～を検討する」「～を追求する」「～を支援する」「～を調整する」

要時間を○○時間から○時間に□月までに短縮する」というように、迅速化する内容を具体的に表現する。

「企画する」という言葉なら、「○○を実現するための◇◇構想を立案し、□月までに上司の承認をとりつけ、△月から実施できる状態にする」というように、企画の目的・内容・達成基準（質・納期）を具体的に表現する。

「推進する」という言葉なら、「○○を行う体制を□月までにつくり上げ、◇月までに△△を完了する」というように、推進する内容や期限を具体的に表現する。

「図る」という言葉なら、「○○の改善を行い、エラーを年間○○件以内に□月までに減少させる」というように、いつまでにどのような状態にするのかを具体的に表現する。

こういった工夫をすることで、SMARTな目標に変わります。

そのほかの要注意ワードは〈こんなにある！　要注意ワード〉を、よくある失敗例と、それをどのような観点で見直していけばいいのかについては〈目標NG例と改善のポイント〉を参考にしてください。

目標NG例と改善のポイント

目標のNG例	こうすれば改善する！
今年度○○計画に示す目標を達成する。特に、今年度新設した○○計画の定着と効果を上げる。	定着・効果をどのように上げるのか、また、最終的にどのような状態になると「定着と効果が上がった」ことになるのかを具体化する。
今年度予算使用にかかる○○の実施、○○部との連携等を通じて、経費の効率的な使用を進め、特に次年度予算における一層の経費削減の道筋をつける。	どのような道筋をつけるのか。道筋の成果物（達成基準）は何かを具体的に明記する（昨年比5%削減のための実行計画を3パターン立案する、など）。
○○の商品追加に向けた取り組み、○○の生産性向上について、収益性向上および店舗のフィジビリティの観点を調和させつつ検討実施する。	検討が成果物か、実施が成果物か明確にする。必要に応じ、結果に至るまでのステップ・スケジュールを明記する。
年度内に○○業態を○○（数値）店舗にすると共に、管理体制強化の方策を講じる。	「管理体制強化の方策」の具体的内容を成果物・達成基準として認識できるように明記する。
今後の○○のあり方について、一定の方向性を出すと共に、可能な限り実施する。	「可能な限り」は努力目標の表現のため評価できない。数値化できるものは数値化して達成基準を明確化する。
あらゆる機会を利用して、自ら考え明言し、実行する人材の育成に努める。	「努める」は努力目標。達成基準を明確化する。
規程・マニュアル類等の量を削減すると共に、よりわかりやすいものとするため、○○の定着活用等を行う。	どの程度削減するのか達成基準を明確化する。
次年度は、○○、□□、△△等、新たなXX体制がスタートすることから、その円滑な実施と定着を図り実効性ある指導体制を構築する。	どうなったら円滑な実施・定着なのか、また、「指導体制構築」の成果物は何かを明確化する。
本社からの通達、各種対応事項等に対して迅速に回答し、業務の正常運行および業務品質の向上を図る。	迅速に回答する期限（○日以内）などを明記する。業務品質の向上も、何を何%上げるかなど、具体的かつ測定可能なものにする。

（2-3）
★★★

目標設定技術を高めよう②
要素に分解する

望ましい行動に落とし込む

目標を分解して考える

SMARTの観点で目標を具体的にしていく際、重要なのは、「目標を分解する」ことです。

第1章で、成長期待直線と成長実感曲線にギャップがあるため、モチベーションが下がったり、焦ったりしてしまうという話をしました。このギャップを縮小するためにも、やはり目標を分解することが有効なのです。

たとえばスポーツなら、逆上がりができるようになったとか、１００ｍが何秒で走れるようになったとか、成長が見えやすいでしょう。一方ビジネスの場合、「あなたは次のレベルに上がれましたね」と説明するのが難しい。

だからこそ、人事評価においては「何がどれだけ売れた」「何が作れた」など「成果」に寄ってしまいがちなのです。そうなると、成果が出ていないときには自信が持てなくなってしまいます。

ただ、成果が出ていないときでも、積み重ねによって着実に成長しているときはあります。そこでマネジメントする側としては、目標を分解して、少しでも成長実感を得られるように目標設定してあげることが大切になります。

いきなり１００個の学びを積み上げるのは難しいですが、「成長」を小さな目標に細分化すればギャップを小さくすることが可能です。

たとえば、5つの学びで1つのレベルアップが可能な目標を意識したとすると、「成長期待直線」と「成長実感曲線」のギャップが縮小することがわかります（図参照）。どこかのタイミングでは細分化できない大きな塊とぶつかることもあるかもしれませんが、たいていのケースはこの手法で乗り越えることが可能です。

5つの学びで1つレベルアップできる目標を設定する

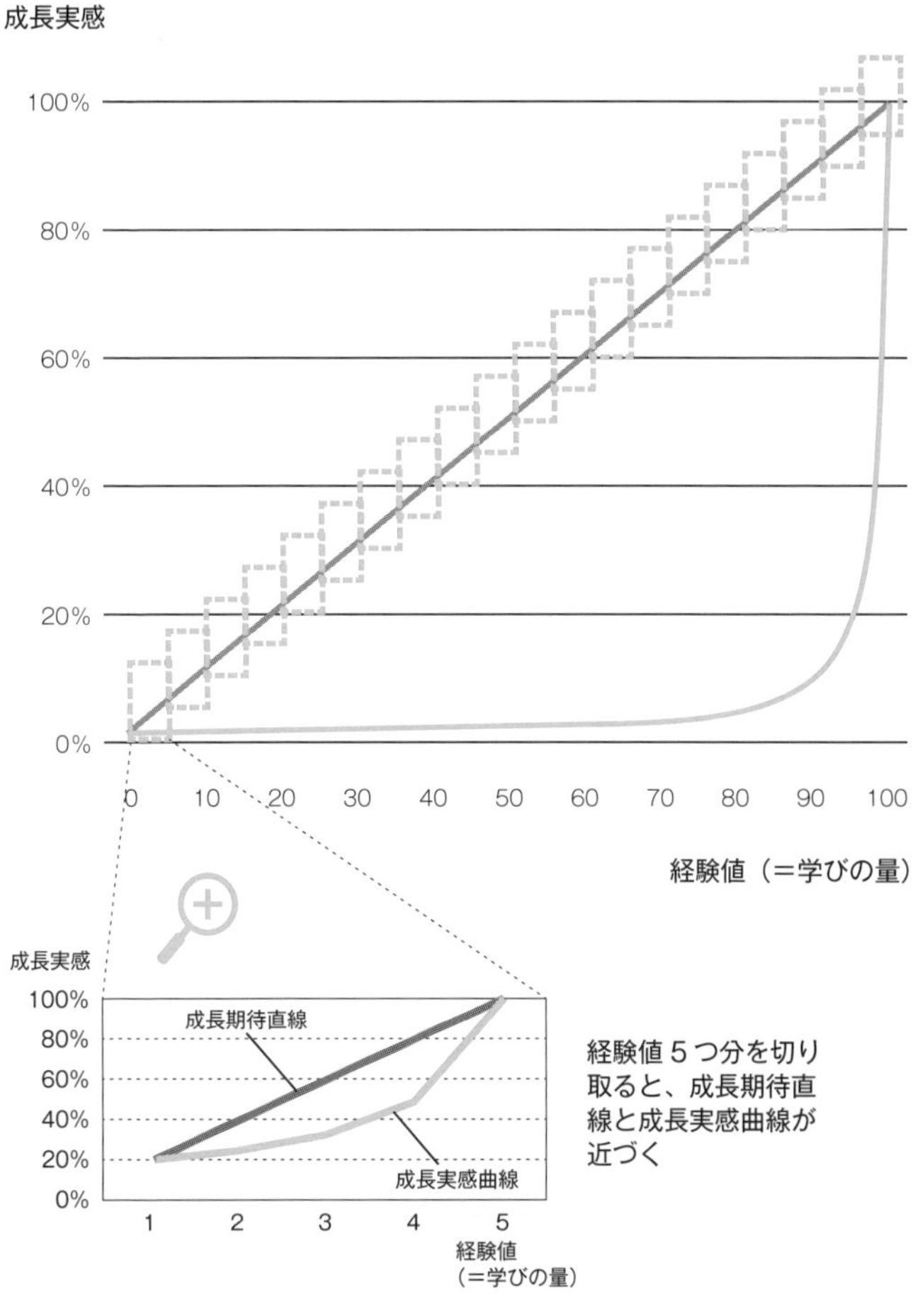

経験値５つ分を切り取ると、成長期待直線と成長実感曲線が近づく

「対象」「基準」「方法」に分ける

では、具体的にどのように目標を分解していけば良いのでしょうか。コツはまず目標を「対象」と「基準」に分解すること、そのあとで「方法」に落とし込むことです。

「対象」とはつまり、「それって何?」ということです。たとえば、「顧客満足度を上げる」という目標を掲げたいのであれば、顧客満足度とは何を指すのかという定義を決めることが重要です。ここがあいまいだと評価の際にずれが生じてしまいます。

「基準」とは、「対象」を「どう見る?」ということです。どんな「ものさし」で測るのか。そのものさしでどの目盛を超えたら達成ラインなのか。そこが明確になっていないと、「できた」「できていない」の認識が評価者と被評価者のあいだで一致しません。

そして「方法」とは、具体的にどんな「行動」によって達成を狙うのかを指します。

このように、目標を設定する際にまずは「対象」×「基準」×「方法」に分けて捉え、そのうえでそれぞれを分解していきます。

分解する際には、「量と質」あるいは「プロセスと結果」という観点を用いるとう

「対象」「基準」「方法」を考える

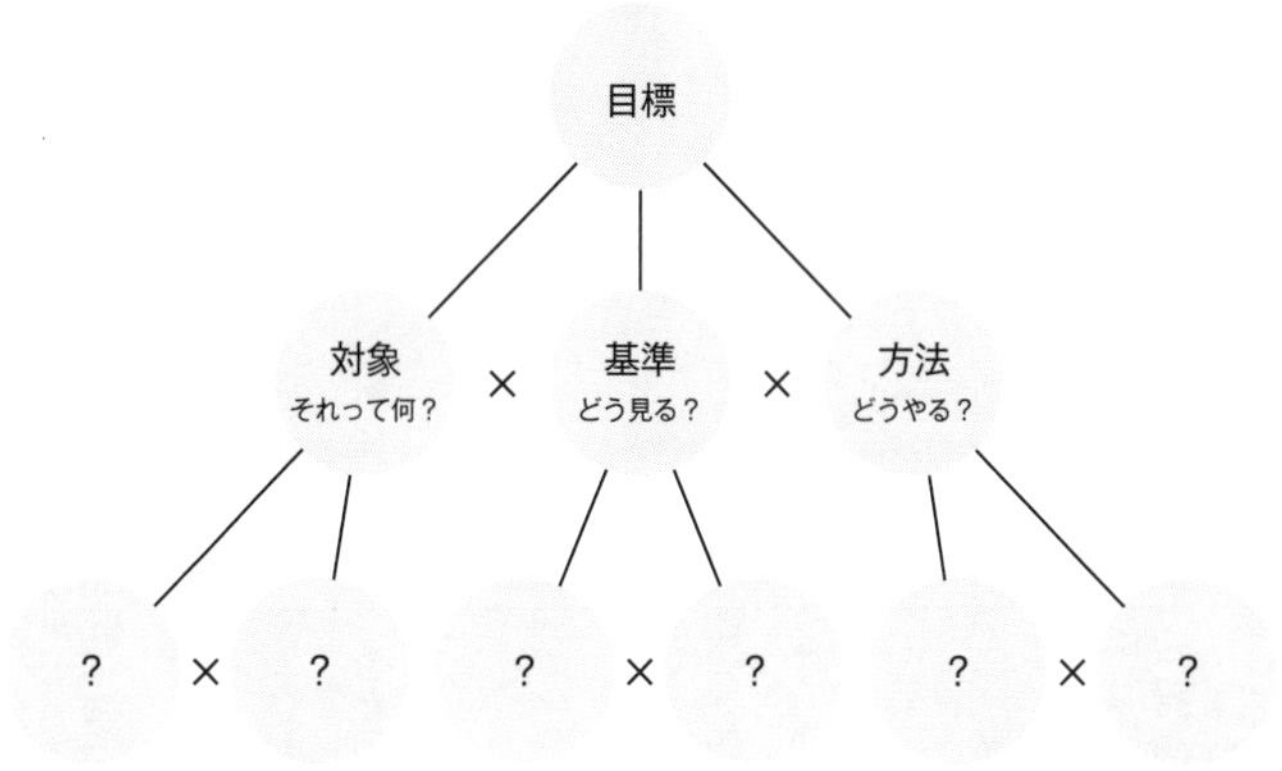

まくいくケースが多いです。

先ほどの「顧客満足度を上げる」を例にして考えてみましょう。

まず「対象」の分解では、「プロセス」満足度と「結果」満足度に分解することもできるし、「量」（何社の顧客に満足してもらえたか）と「質」（大いに満足してもらえたか）という分解もできます。

1社の顧客を深く長く担当するような業務なら、「プロセスと結果」がフィットするでしょうし、たくさんの顧客を並行して対応する業務なら、顧客ごとにムラがあっては困るので「量と質」の方がフィットするかもしれません。

大事なのは、狙って高めてほしい成果

や能力にフォーカスしやすくすることです。

次に「基準」の分解です。「量×質」の観点で言うなら、顧客満足度を測るお客様アンケートにおいて、担当顧客10社のうち7社以上（量）で、満足度10点満点のうち8点以上（質）の回答を得る、などが一例です。

量＝社数、質＝アンケート結果という「ものさし」を置き、7社以上×8点以上という「目盛」について合意する。ここまで分解して合意すれば、部下とのあいだで認識がずれることはないでしょう。

最後に「方法」ですが、実はここが一番大事です。認識のずれがないよう評価を運用するだけなら、そこまでこだわる必要はありません。しかし、部下に成果を出してもらいたい、成長してもらいたい、良いチームを共につくりたいと思うなら、達成可能性が高まるような「方法」まで共に話し合い具体化することが重要です。

先ほどの例で続けるなら、「7社以上から満足度8点以上」を達成する確率を上げるには、どんな行動が有効でしょうか。

これは、その部下のこれまでの実績や能力レベルによります。たとえば、質にこだわりがあるけれど量の意識が弱い部下であれば、質を落とさず量を増やせるように、

「何×何」に分解する？

対極にある言葉に分解するとうまくいきやすい！

「業務標準化・雛形化による効率改善を毎月5つ以上やる」「問い合わせ対応のノウハウを可視化し、対応時間を○%短縮する」など、効率向上によって「量」向上の達成可能性を高めていくのが良いでしょう。逆に量は追求するけれど質にムラがある部下であれば、「ミス発生率○%低減」や「ダブルチェック実施率」などが効果的です。

　このように、「顧客満足度を上げる」は目標として大きすぎるので、マネジャーが「どういう具体的行動を促したいのか」を考え分解することが肝心です。

　ちなみに、要素分解する際は、対極にある2つくらいの言葉に分解してみるとフィットしやすいでしょう。

前述した「量」×「質」もそうですが、一方を上げようとすると、もう一方が下がりやすい（量を増やせば質が落ちる、質を上げれば量が減る）、でもいずれはどちらも高いレベルを求めたい、というように相反する要素に分解するのです。

たとえば、「量」と「質」を少し異なる観点から捉えた、「打席数×打率」。

特に若いうちは、まだ経験が浅いので、たくさん「打席に立つ」、つまりたくさんチャレンジする機会が必要になります。若手に質を意識させると、ただでさえ打率が低いのになかなかバットを振らないので、成功する確率が極めて低くなってしまう。

〝昭和〟の「24時間戦えますか」という時代はどちらかというと、とにかく打席を増やし、当たるまでひたすらがんばるという考え方が根強くありました。「寝なけりゃいいでしょ、そうすれば打席数を増やせるよ」と。

しかし、もうそんな時代ではありません。〝昭和〟の時代は時間が無尽蔵にあるような意識でいたかもしれませんが、いまや時間は有限（いや、実は昔からそうなんですが）。となると、限られた時間をどう配分し、どこに投下するのか。時間をつくるために何を「やめる」のか。そこを工夫することで打席数を増やすしかありません。

一方で、打席数を確保しても、バットの持ち方が逆だったら打席に立つことすら意味がなくなってしまいます。どういう打ち方や構えをすると打率が上がるかを分析し、成功の確率を上げていく必要があります。ひじが下がっていないか、軸足はどうか。そのように打ち方を「構造化」して分解することで、望ましい行動が見えてくるので、それを具体的な目標に落とし込んでいくのです。

「能力評価」は特に要素分解を！

目標の要素分解が特に役立つのが、「能力評価」です。というのも、「能力評価」は非常に難易度が高いため、評価者は悩まされがちだからです。

結果やプロセスがわりと明確な「業績評価」や、仕事に対する取り組み姿勢など行動で判断できる「情意評価」は、ＳＭＡＲＴの観点で具体化しやすいです。

しかし、「能力評価」は「どんな行動をしたか」ではなく「どんなスキルをどのレベルで備えているか、それをどれだけ伸ばしたか」という項目です。

「毎日●●しました」と言われても、実際に能力が上がったかどうかは別です。スポー

評価項目の種類

業績評価	「売上高目標」などの数値面の評価
情意評価	「協調性」や「積極性」など態度や努力の評価
能力評価	「コミュニケーション力」や「課題解決力」などスキルや知識の評価

ツの世界なら、体脂肪率が何％落ちました、筋肉量が10％上がりました、ホームランの飛距離が5mアップしました、といったように身体能力の変化を定量化しやすいのですが、ビジネススキルは定量化が難しいのです。「コミュニケーション力が15％アップしました！」とは言わないでしょう。

そのため、企業によっては、「うちの管理職には難しいから能力評価はやめよう」と、運用難度の高さから人事評価制度に組み込まないと決めるケースもあります。

とはいえ、多くの企業の評価シートに、「リーダーシップ」「コミュニケーション力」「課題解決力」といった能力評価項目がずらりと並べられているのが現実です。

とかく評価は、最終結果に引っ張られがちです。たとえば、「企画力」の向上を目指している際、「複数のコンペで提案をして受注を勝ち取りました」という結果に基づき、「企画力を伸ばすことができました」と本人はアピールするかもしれません。ですが、本当に企画力がついたかどうかというと、残念ながらそうとも限らないのです。先輩がかなり助けてくれたかもしれないし、競合が弱かったのかもしれない。もしかしたら、企画力ではないほかの要素がクライアントに評価されたのかもしれない。

そうすると、企画力とは何か、何ができたら「企画力が向上した」と言えるのかという「対象」をすり合わせる必要があります。次に、それをどう測るのか、能力を伸ばすためにどんな行動を続けるのかなどの「基準」「方法」も具体化すべきです。

となるとやはり有効なのは、本節でお伝えしてきた「要素分解」です。人事評価項目に挙げられる言葉はたいてい抽象度が高く、そのまま運用するのは難しいので、その能力は「何×何なの?」と、まず「対象」を2つか3つに分解してみることです。

ただし、「能力」の要素分解は、一筋縄ではいきません。「企画力とは?」「リーダーシップとは？」という問いに1つの明確な定義があるわけではなく、さまざまな専門家や著名人が、ビジネス書などを通じて持論を述べています。そのような考え方を参考にしつつ、目の前の部下が直面している業務状況において、伸ばしてほしい〝ビジネス筋力〟は何かを上司として自分なりに考え、分解していくことが求められます。

こうして考える行為がマネジャー自身の能力向上、部下育成力の向上につながるので、「マネジャーとしての成長課題」と捉えて、取り組んでみてもらいたいと思います。

ただ、「自分なりに考えてください」だけではあまりに乱暴ですので、要素分解の事例集をご用意しました（巻末付録1）。私が多くの企業を見てきたなかで、よく見られた能力評価項目をピックアップしてありますので、ぜひ参考にしてみてください。

行動に落とし込めば、再現力を手にできる

「対象」や「基準」について認識がずれないようにすることが前提なのですが、最終的に重要なのは、「どのような行動を増やせばその能力が伸びやすいか」「いかに行動に落とし込んで、再現性を高めることができるか」という「方法」の視点です。

たとえば「論理的思考力」を伸ばしたいという若手なら、「速さ」と「深さ」に分解してみる。「速さ」なら、「会議で議論するときは、1分以内に自分の意見を根拠とセットで言う」などが考えられます。一方「深さ」は、深く考えるための思考法を見える形で習慣化する、たとえばロジカルシンキングのフレームワークである『WHYツリー』を、顧客向け資料を作成する前に毎回準備する」など。

ただ、意味のない行動を増やしても仕方ないので、どういう行動を増やせば、どういう時間の使い方をすればその能力を伸ばしやすいか（同時に業務成果にもつながるか）を検討していくことが大事です。評価しやすくする（評価されやすくする）、成長しやすくする（成長してもらいやすくする）ためには、行動に落とし込むことが必要なのです。

また、目標を分解してすり合わせる際に大事なのは、相手の特性を踏まえることです。質にこだわる人は量を出すのが苦手だったり、量を出せる人は質をあまり意識していなかったりするなど、人それぞれ得意不得意があります。それを理解したうえで目標設定することが大切です。この「**相手の特性を踏まえる**」ことについては第4章で詳しく触れます。

分解する切り口は、最初はそれほど正確でなくても大丈夫です。繰り返し行ううちに徐々に精度が上がっていく。そこがマネジャーの腕の見せどころです。

自分たちのチームや部署に課せられた抽象度の高い大きな目標を、どれだけ分解して、部下が行動しやすい形にしていけるか。目標設定において、部下と一緒にそのような分解をしていけると、その思考プロセスがメンバーにも浸透します。そして日々の行動のなかでも、「分解して行動レベルに落とし、確実に実践していく」というサイクルにつながり、目標設定がしやすい職場になっていきます。

★★★

（2-4）

設定した目標の運用技術を高めよう

「IDEA」の観点

設定した目標を日々の仕事にとり入れる

目標を設定したあとは、日常の業務を行うなかでどのように実践していくかが大切です。受験勉強でも、志望校を決めて、それに向けての勉強計画をしっかり立てたとしても、大事なのは毎日ちゃんと勉強しているかどうか。進捗状況を振り返りながら確実に勉強を進めることが不可欠だったはずです。

それと同じように、日々の仕事を振り返り、目標を達成できるように職場で目標の

IDEAで目標を運用しよう

I ＝Immediately（即時性）

D ＝Display（周知性）

E ＝Entirely（一覧性）

A ＝Alarm（問題発見性）

運用を実践していく必要があります。

その際、大切なポイントが「IDEA」（Immediately, Display, Entirely, Alarm）の観点です。

Immediatelyは即時性。

行動したらすぐに記録し、振り返ることで確実に目標達成に近づきます。「あとでまとめて振り返ろう」と思っても、なかなか時間がとれなかったり、軌道修正が必要なのに気づくことができずタイミングが遅れてしまったり。着実に実行していくためには、日常の行動や情報を瞬時に記録して、こまめに確認することが大切です。

Displayは周知性。

目標や記録した情報は、個人のなかだけで完結するのではなく、ある程度周囲と情報を共有することも大切です。そうすることで、モチベーションの公式の要素である「危機感（must）」を高めることにもつながります。

共有することでアドバイスをしてくれる人も増え、的確なサポートを得ることも可能です。すべてをオープンにする必要はありませんが、「こういう部分に注力していきたい」ということをほかの人に認識してもらえると、「がんばってるね」と声をかけてもらいやすくなります。また、情報を共有するためには、記録は自分だけわかるような表現ではなく、他者にも理解しやすい表現を心掛けることも大事です。

Entirelyは一覧性。

情報の所在を一元化することも重要です。情報の記録先があちこちに分かれていると、一部の情報だけで判断して適切な対処ができなかったり、あちこち情報を探して余計な時間がかかったりして非効率です。また、一元化されていることで抜け漏れもなくなります。

Alarmは問題発見性。

目標達成に向けてうまくいっているかいないかが瞬時に見てとれる、状況が即時に確認できるようなアラーム機能の工夫をすることが大切です。たとえば、未達の項目が赤字になるようにしたり、日報に絵文字などを使い、一目でわかるような工夫をしたり。そうすることで、問題が大きくなる前に、解決に向けた行動がとりやすくなります。

ＩＤＥＡで評価者も評価しやすくなる

これらの工夫により、部下は目標達成がしやすくなりますが、同時にマネジャーも評価が楽になります。途中経過が認識できるので、最終評価のずれを解消し、評価の精度を上げることができる。お互いに納得感のある評価がしやすくなります。

たとえばリンクアンドモチベーションでは、イントラネットに全部署の目標と結果が掲載されていて、デイリーで更新されています。こうして即時性、周知性、一覧性、問題発見性が確実に実践されています。

さすがに全社員が閲覧できるようにしている企業は少ないですが、職場単位、部署単位などでオープンにするのは有効かもしれません。

各自の目標をオープンにしてしまうと、「あそこの目標は低くないですか？」など不満が出たりすることを心配する声も少なくありません。しかし、それは、そもそもの目標設定の基準が不透明だったからこその不満でもあります。

第1章で述べた通り、いまや情報がすぐ共有される時代なので、企業はいろいろなことを隠しきれなくなってきています。むしろフルオープンにして、誰がどういうテーマで成長しようとしているのかが明確になっていると、目標設定の考え方の前提がそろってきて納得感も高まり、社内でのコミュニケーションがとりやすくなります。

正確な現状把握で差がつく

くどいかもしれませんが、もう一度お伝えしたいのは「人事評価は目標設定が9割」ということです。忙しくて、さまざまなことに対応しなければいけないマネジャーの皆さんが少しでも良い職場をつくるために、「評価制度」を武器として活用していただきたい。そのためにすべきことの9割を目標設定が占めています。

目標設定のためのポイントを1つだけ挙げろと言われれば、「抽象的ではなく具体的な目標」にできるかどうかです。そのためにSMARTやIDEAなどの観点も紹介しました。しかし、こうした観点を知っている人は多いものの、実際に使えていると胸を張って言える人は少ないのではないでしょうか。

定量的目標や増やしてほしい行動を具体化できるかどうかを大きく左右するのは、「精度の高い現状把握」です。結果に関しては現状把握できているケースが多いのですが、一方でそのプロセスがどうだったかを把握できているケースは少ないです。

もしかすると、ここまでの内容を読んで「確かに目標設定が9割だな。今までよりも目標設定に時間を使ってみよう！」と思われた方が最初に取り組むのは、正確な現状把握になるかもしれません。

正直に言って、現状把握は面倒くさいです。正確に現状把握をしたからといってすぐに成果につながらないかもしれません。プレイングマネジャーで日々短期的な業務と向き合わなければいけない状況であれば、なおさら優先順位を下げてしまうのが自然です。ただ、この現状把握をおろそかにしてプロセスを抽象的なままにしてしまうと、運頼みの結果を待つことになってしまいます。

管理職を任されているということは、何かの成功体験を積んだ結果選ばれた方のはずです。まずはその成功体験を分解することから始めてみることがおすすめです。業務プロセスを3~5つの要素に分解してみて、それぞれの重要なポイントをまとめてみてください。またさまざまなプロセスを定量的に把握しようとチャレンジしてみてください。そうすることで、自分のチームのメンバーにとってどんな業務プロセスが必要なのかが見えてきます。

本を読んでいろいろな観点をインプットしたとしても、最後は自分の職場に適応させる必要があります。当たり前ですが、これまでやっていなかった能力の要素分解や仕事のプロセスの細分化に取り組むことは、決して簡単ではないですし、やろうとしても特に最初は大変だと思います。ただ、要素やプロセスを分解できないのが「一般的」なマネジャーだとすると、それができれば周囲から頭一つ抜けたマネジャーになれます。いきなり完璧に要素分解できることを目指すのではなく、一歩一歩着実に前進させていくマインドで取り組んでみてください。

プロセスの可視化でプレイングマネジャー脱却へ

少しだけ評価制度の話から脱線します。

管理職の方の多くが、常態的に「プレイングマネジャー」となってしまい、孤軍奮闘している感覚になって悩んでいます。その状況を打破するには、プレイングの比率を下げて、マネジメント業務の比重を上げていく必要があります。

ただ、管理職である自分のプレイングの時間を一気に減らした結果、任されている部署で思うような成果が得られなくなる。そのビハインドな状況を取り戻すために、プレイングの時間をむしろ多く投下せざるをえなくなる。そんな本末転倒の状況になってしまった経験がある人も多いのではないでしょうか。

「望ましい成果を出すこと」と「プレイングの比率を下げる」の両方を同時実現させることが、このプレイングマネジャー状態を抜け出すための道筋です。そのためには「自分がプレイヤーとして直接動かなくてもチームで成果を導ける仕組みをつくる」ことが必要です。

ということは、自分の成功体験や成功パターンをほかの人でも実践できるようにするために必要なプロセスや基準を言語化した方が良いですよね。部下の目標設定のためにこれまでブラックボックス化していた暗黙知を具体化し言語化することは、部下にとってはもちろんですが、何よりマネジャー自身の未来に対して大きな投資になると断言できます。

あくまでも「投資」というのがポイントです。大きなリターンを得るためには、しっかりとした投資が必要です。マネジャーが投資できる一番の原資は「時間」です。この評価制度をしっかり活用しようと目標設定に時間を投下することは、短期的な部署の成果やメンバーの成長だけでなく、自分自身をもう1つ上のステージに向かわせるための投資活動なのです。

ぜひ一石二鳥以上の効果を狙っていきましょう！

手段が目的化するワナに気をつけろ

プロセスの言語化、明確な定量的基準の設定、精度の高い現状把握が可能な仕組み構築などに注力していくとき、必ず発生する落とし穴があります。

それは「手段が目的化する」ことです。

プロセスの具体化や定量的基準などに取り組むと、何に取り組めば良いかがわかりやすくなります。わかりやすくなるとメンバーが迷いなく行動できるというメリットがあるのですが、わかりやすいがゆえに「それをやっておけば良い」という勘違いが発生しやすいものです。

たとえば、サッカーでイメージしてみます。あるチームで、

「(目的=)得点を入れて試合に勝つために」、

「(手段=)ボール支配率とパス成功率を向上させる」という方針を出したとします。

現状把握のデータもあったので、ボール支配率は40%から60%に、パス成功率は80%から90%に改善しようという定量的な目標も設定できたとします。

試合が白熱してきて、監督がベンチから「ボール支配率とパス成功率」というアドバイスの声を飛ばす。そうすると、選手たちがボール支配率とパス成功率という手段を強く意識しすぎてしまい、いつの間にか本来の目的である「点をとる」ということを忘れてしまう――。似たようなことが実際のビジネスの場面でも起こりがちです。

点をとるためには、成功率が低いイチかバチかのパスにチャレンジした方が良いと

きもあるはずです。手段がわかりやすくなり、目標が定量的で状況把握しやすくなればなるほど「手段が目的化」する現象が起こりやすくなるというジレンマがあります。

だからこそ、目標設定の際に「目的」や「最優先すべき事項」などを常に確認することが大切です。目標はあくまでも目的を実現させるための手段だという考え方を共有し、目的を常に確認し合うということも目標設定の際に気をつけていきましょう。

また、設定した目標を運用する際には、ＩＤＥＡの観点を参考に仕組みをつくりながら、「仕組みの運用や手段の遂行が目的化していないか？」を、注意して見ていくことをおすすめします。

第2章のまとめ

★人事評価は目標設定が9割！

★モチベーションを高く保てる目標を設定するために、「SMART」の観点をとり入れよう。

★望ましい行動を促すために、目標を要素分解しよう。

★設定した目標を日常の業務で実践していくために、「IDEA」の観点で目標を運用しよう。

★手段が目的化するワナに気をつけよう。

第3章

納得感の高い評価のつけ方とは？

前章で目標の設定について解説したので、次は評価のつけ方について取り上げます。まずは、自分のなかの「思い込み」を認識しておくこと。そして、人事評価においては判断に困ることも多々ありますが、うまく基準をそろえること、そして重視するポイントを絞ることでかなり取り組みやすくなります。

3-1

★★★

評価者の隠れたバイアスにご注意

本当の意味でフラットな人は存在しない

相手も自分と同じように考えると思い込まないこと

「人事評価は目標設定が9割」と本書ではお伝えしてきましたが、その真意は、「最初に目標設定をちゃんとやっておかないと、あとで（評価をつける段階になってから）取り返すのは難しいよ」ということです。期初に目標を合意して動き始めたはずが、途中であいまいさや認識のずれがあると気づいたら、期中であっても再度すり合わせることが望ましいでしょう。

一方で、「目標設定をしっかりやりさえすれば問題なし」「目標が明確で納得感もあるなら評価に悩むことはない」……とは言い切れません。悩ましいこと、注意すべきことがいくつかあります。本章ではそれらについてご紹介します。

評価のタイミングで管理職が気をつけるべきことの1つに、「バイアス」があります。

本当の意味でフラットな視点を持っている人というのは、おそらくこの世の中に存在しません。人間なので、一人ひとり経験してきたことも違うし、同じ部署で仕事してきたとしてもまったく同じことを経験しているわけではありません。同じことを経験していても、人によって捉え方が異なります。それがバイアス（その人独自の固定観念や先入観）として、ものの見方や判断に影響を与えます。

多くの人は、そんなことはわかっているつもりなのですが、評価するタイミングになると、自分がバイアスを持っているということに気づかない、忘れてしまうということが起こります。

相手も同じことを考えているだろう、相手も同じように見ているだろうと思ってしまう。もしくは、自分はフラットに評価しているはずだと思い込む。それが、評価の判断に影響を与えたり、部下との認識のずれにつながったりします。

知らず知らずのうちに陥っている4つのバイアス

参照点バイアス（自己尺度評価、対比誤差、厳格化傾向）

● 自分基準に引っ張られる
⇒定義された基準をもとに評価すべし！

同調性バイアス（親近効果、中心化傾向、寛大化傾向）

● メンバーの感情や人間関係に引っ張られる
⇒私情や遠慮を排し、適切に差をつける！

● 好き嫌いに引っ張られる
⇒好き／嫌い、似ている／似ていないを排除！

近視眼バイアス（期末評価、近接誤差）

● 直近の出来事に引っ張られる
⇒評価期間全体をフラットに見る！

現状維持バイアス（ハロー〔後光〕効果、論理誤差、イメージ考課）

● これまでのイメージ・目立つ印象に引っ張られる
⇒イメージ・特徴と評価は切り分ける！

そんな評価の場面で陥りがちなバイアスを、ここではご紹介します。

評価決定時の「4つのバイアス」

特に評価の際に注意すべきバイアスは、「参照点バイアス」「同調性バイアス」「近視眼バイアス」「現状維持バイアス」の4つです。

「参照点バイアス」は、自分の過去の経験や基準とする人に引きずられて評価してしまうことです。

「Aさんは確かに主体性を発揮しているけれど、自分の若い頃はもっとやっていた。あれくらいでは高い評価はつけられない」など、自分の得意なことに関しては厳しく、不得意なことには甘く評価してしまうことを指し、「自己尺度評価」「対比誤差」あるいは「厳格化傾向」などと言われることもあります。自分の尺度ではなく、定義された評価基準をもとに評価することが大切です。

「同調性バイアス」は、メンバーの感情や人間関係、自分の好き嫌いなどに引っ張られて評価してしまうことです。「親近効果」と言われることもありますが、自分と似た人や、近い立場、共通点を持つ人に対して評価が甘くなりがちです。

「Bさんとはウマが合うし、飲みに行くといつも熱心に私の話を聞いて学ぼうとしている。彼は期待できるし、高い評価にしてもいいな」など、本来評価すべき基準とは異なる要素で評価しようとしてしまいます。

また、部下への配慮や部内の人間関係への過度な配慮に引きずられて、相対評価にほぼ差をつけない、全体的に甘くなること（中心化傾向、寛大化傾向）なども同調性バイアスです。

「メンバーは皆それぞれがんばっていた。成果や能力には差があるが、来期もがんばってもらうためにも、低い評価をつけるのは避けたい」などと考えがちですが、期待と評価は切り分けて適切に差をつけるべきです。

加えて言うと、この同調性バイアスは、評価者が評価業務に自信がない場合、より発生しやすくなります。管理職になったばかりで経験がない、過去に部下から評価への不満をぶつけられた苦い経験があるなど、部下の評価に適切なメリハリをつけることを避けたくなるような背景がある方は気をつけてください。

「近視眼バイアス」は、直近の出来事に引っ張られて評価してしまうことです。期間全体ではコンスタントに成果を上げていたのに、直近で失敗があったため評価が低い、あるいはその逆もあります。

たとえば、「Cさんは、四半期ごとに定めたプロセス目標は3四半期連続で未達だったが、最終四半期で大型契約をとり、通期目標金額は達成だったから高評価」など、プロセス目標は未達でも結果オーライにしてしまうケースです。あるいは、「同じようなミスであっても、期初にミスした部下よりも期末にミスした部下の方を低い評価にしてしまうこと」も起きがちです。

期初の出来事ほど忘れられやすく、期末に近いほど印象に残るものです。「期末評価」や「近接誤差」と言われることもありますが、このようなバイアスを意識的に排除して、評価期間全体をきちんと見ていく必要があります。

「現状維持バイアス」は、これまでのイメージや目立つ印象に引っ張られることを指し、「レッテル貼り」や「ハロー効果」、「イメージ考課」、「論理誤差」なども言われるものです。

「彼はこういうタイプだ」「以前から○○は苦手だ」など、イメージにとらわれてしまい、せっかく成果を出していても、「たまたま運が良かったのだろう」と、適切に判断しないことがあります。

「だいたいあの人は……」や「あの人はいつも……」という言葉が出ているときは要注意。フラットに見ているつもりが、イメージに引っ張られていることがよくあります。あるいは逆に、特定の目立った特徴や高評価ポイントに引っ張られて、関係のない評価項目まですべてが高評価になってしまうことも、発生しやすいバイアスです。

知らず知らずのうちに、以上の４つのバイアスに基づいて評価してしまっている可能性があるということを、前提として持っておきましょう。

3-2 ★★★

評価項目を自分のチームに最適化する

重視する要素を絞る

全社共通の評価制度はやりづらくて当然

「評価をつけるのが苦手」とおっしゃる方が多いですが、それも当然だと思います。

その原因の1つに、「全社共通の評価制度が使いづらい」という問題があります。

多くの企業は、「評価シート」というものを作っていて、そこにさまざまな評価項目が列挙してあると思います。

たとえば項目に、「創造的思考力」と「論理的思考力」と「戦略的思考力」の3つ

評価がつけづらいシチュエーション

評価項目が
似たり寄ったり

評価項目が
多すぎる

が並んでいて、なんとなく感覚的には違いがあるというのはわかるけれど、それをちゃんと運用できるかと言われたら、結構難易度が高い。

そうかと思うと、埋めないといけない項目が20個ぐらい並んでいて、こちらが「これどうやって評価しているんですか？」と聞くと、「あとから振り返って気になったところだけ書く」とか、「覚えているところだけつける」、「あんまりそれ使ってない」ということも。

むしろ真面目な方は、すべての項目についてしっかり評価をつけようとして、辛い思いをしている場合も少なくありません。項目が細かすぎて運用がうまくいかないというパターンもあれば、抽象的すぎてうまくいかないというパターンもあります。

結局、一定規模の会社の場合、全員に共通する制度になっているので、使いづらい部分が出てくるのは当然なのです。最大公約数的な制度を自分の部署、自分の部下にうまく最適化する、うまく運用するというのは、どんな制度でも必要だと思います。

そこで、「今本人にとって大切なことを2つか3つ選んでフォーカスする」ことも大事です。実際、人事からそのような指導が出ている場合もあります。

そもそも、人が覚えていられる情報は、2~3個くらい。心理学者のジョージ・ミラーが発表した「短期記憶の限界はせいぜい7つのまとまり（チャンク）」というマジカルナンバーが有名ですが、これも最近では3~4個だという説が強くなっています。

そう考えると、20も30も項目があって、それをすべて実践していくというのは現実的ではありません。実際、リンクアンドモチベーションでは、四半期ごとに注力テーマを1つに絞らないといけないルールになっています。

重視する評価項目をすり合わせる

また、マネジャーはリーダーシップを伸ばしてほしいと思っていたのに、部下が「私はコミュニケーションをがんばりました！」とアピールしても、上司評価と部下の自己評価は絶対にずれます。先に、何に注力してもらいたいか、どういう成長をしてほしいか、というコミュニケーションやすり合わせが重要になります。

その際、重要な観点は、目標設定の際にも触れた「要素の分解」です。たとえば、「リーダーシップ」を分解すると「課題設定力」「巻き込み力」「実現力」の3つがあったとして、「あなたの場合、リーダーシップを鍛えるためにはまず巻き込み力を鍛えてほしいな」などと絞り込んでいくのです。

評価者のよくあるお悩みとして、「誰に対しても似たような評価内容になってしまう」というのがあります。これについては、たとえば「リーダーシップ」なら先述の3つの要素に分解しておけば、「あなたは実現力が足りないけれど課題を設定する部分はできている」「あなたは人を巻き込む影響力が足りないけれど実現する力はついている」といった具体的な評価が可能になります。

このように、「褒める」点を見つけられるというのが、要素分解することのメリットの1つです。評価の軸が複数に分けられていると、「こっちは不足していても、こっちはいいんじゃない？」と言うことができる。

あまり望ましくないのは、結果だけで評価することです。その場合、結果が出なければ評価するところがなくなってしまう。一方、プロセスと結果の両方を見れば、何かしら褒められる、承認できる点が出てきます。そうすれば、なかなか結果が出ないときでも、メンバーのモチベーションを維持することができます。

3-3

★★★

評価の基準はどうやってそろえる？

評価者の悩みどころ

何と比較して評価するのか

実際に評価をつけるとなると、悩まされることがいろいろ出てきます。その1つが、「どうやって基準をそろえるか」という点です。チーム全員が同じ仕事をしているならいいのですが、それぞれ違う仕事を担っている場合や、担当している業界が異なる場合など、どう比較してどう評価するのかという問題もあります。

これについては、あらかじめ基準をすり合わせておくというのが解決策です。たと

評価の基準はどう設定する？

- 本人の過去の実績に比べてどうだったか。
- 過去最高に比べてどうだったか。
- 過去の平均と比べてどうだったか。
- ほかの部署の似たポジションの人と比べてどうだったか。

etc.

えば、それぞれの仕事について、本人の過去の実績と比べてどのようなレベルの成果を出しているのか。過去最高に比べてどうだったか、これまでの平均と比べてどうだったか。こういったことを基準として設定することができます。

あるいは、ほかの部署に目を移し、同じくらいのポジションの人と比べてどうなのか、というのを基準にすることもできます。

たとえば、評価項目として「挑戦力」というのがよくあります。「新しいことをやる」という基準での挑戦もあれば、「過去最高レベルを出す」という基準での挑戦もあり、どちらも意味のある挑戦だと言えます。

前例のないことをやるとなると、なかなかできない人もいるし、常に新しいことをやっているけれどそのあと展開するのが苦手という人もいます。

では今回はどちらの挑戦にするのか。その部分をメンバーと一緒に整理していくと、本人からすれば、自分がやっていることが挑戦だと認めてもらえるし、マネジャー側からすると、本来望ましい挑戦の方向性に持っていくことができます。

また、**評価をつけるタイミングで、設定した基準が適切だったのか再確認しておく**必要があります。たまたま担当していた業界が絶好調だった（あるいは絶不調だった）、たまたま出店していた地域の調子が良かった（あるいは悪かった）、といったケースもあります。本人のがんばりとして評価するのか、外部要因の影響を考慮すべきなのか、改めて確認しておきましょう。

「望ましい行動は何か？」が基準となる

さらに、マネジャーのよくある悩みの1つが、「高い目標を掲げて未達成だったA

君と、低い目標を余裕で達成したBさん、どちらを評価すべき？」というものです。第1章で、「人事評価はメッセージ」だとお伝えしました。表彰なども同じですが、評価は「今後そのような行動を増やしてほしい」というメッセージです。

その観点から言えば、単に「ハイ達成だったから」というだけでBさんを評価すると、誰も高い目標を掲げなくなってしまう。会社としては、失敗してでも挑戦意欲を持って仕事に取り組んでほしいという「思い」があれば、Aさんのような人も評価できる視点や項目を入れておき、それを事前に説明しておく必要があります。決して後出しジャンケンにはしないことです。

評価はメッセージであるということを意識する。その場の感情に左右されるのではなく、確固とした基準に基づいて説明する。もし基準を変えたら、次からはそれが前例となる。「なんであのときこうだったのか？」と聞かれたときに、説明できないことはやらない。自分が基準をつくるんだという覚悟が大切です。

第3章のまとめ

★知らず知らずのうちにとらわれているかもしれない4つのバイアスを意識しよう。

★評価項目のうち重視する要素を絞り、自分のチームに最適化しよう。

★評価をつける際は、「何と比較するのか」を考慮しよう。

★評価で悩んだときは、何のメッセージを伝えるのか、残すのかを考えよう。

第4章

評価を伝えるうえで相手を理解するには？

評価を「伝える」段階に移る前に、部下に評価をうまく伝えるためにも、本人の特性を理解しておきましょう。本章では、「部下の特性」についての理解を深めるフレームワークを解説します。また、ここでご紹介する観点を知っておくことは、「伝える段階」だけでなく、「目標を設定する段階」においても有効です。部下の特性を適切に捉えることは、よりモチベーションが高まりやすい目標を考える手がかりにもなるでしょう。

4－1

★★★

モチベーションが上がるのはどんなとき?

「アタック」「レシーブ」「シンキング」「フィーリング」タイプ

部下のタイプによって伝え方を変える

これまで、目標設定の方法と評価のつけ方について見てきました。いよいよ部下に評価を伝える前に、相手の特性を理解しておく必要があります。

組織には当然、いろいろなタイプの人が集まっています。第3章でもお伝えしましたが、人はつい、他人も自分と同じような経験をして、同じようなことを考えていると思いがちです。そのため、お互いの理解の行き違いが生じ、ダイバーシティが進む世の中で、本来は多様性から生まれるはずの新しいアイデアやダイナミズムが損なわれてしまいかねません。

しかも、人が情報を処理する際には、過去の出来事や経験、パーソナリティなどの違いによる「解釈」が、受け止め方を変化させます。「水がコップに半分」という事実も、「もう半分しかない」という人もいれば「まだ半分もある」と解釈する人もいるのと同様に、「がんばって」という言葉にも、「簡単に言うなよ」と不満を抱える人もいれば、「応援してくれている」と前向きになれる人もいます。そのため、人事評価の場面では、相手に良かれと思ってかけた言葉が、その通りに伝わらず逆効果になるという危険もはらんでいます。

そうならないために、部下のタイプを理解しておきましょう。

特に人事評価は、部下にもっと成果を出してほしい、そして成長してほしいという思いで行うもの。そのため、成長への期待を伝えるにも、「成長すると勝てるよ」と伝える方がいい人もいれば、「成長するともっとお客様に貢献できるよね。チームにもっと貢献できるよね」と伝えた方がいい人もいます。

最終的に「成長していこう」という点では同じですが、そこに持っていく説明の仕方が違う。持っていき方を間違えると、「いや、別にそこまで勝ちたいとも思わないし」とか、「なんか、チームのためって言われてもなあ」など、むしろモチベーションを下げてしまうこともありえます。

4つのモチベーションタイプ

何によってモチベーションが上がるかという違いを分類すると、人は大きく4つのタイプに分けられます。

1つが、「アタックタイプ」。

達成支配型とも言えるタイプで、自力本願で強くありたいと思う人。成功を収めたい、周囲に影響を与えたい、意志薄弱な状態や人への依存を避けたいというタイプです。

キーワードが「勝ち負け」「敵・味方」「損得」などで、ライバルに負けることが嫌で「なにくそ」と思ったり、権限が広がっていくと嬉しいという人たちです。

「この目標が達成できれば、過去最高記録を更新だな」などの言葉かけが素直に刺さり、闘志を燃やすタイプです。

対をなす2タイプ

それと対をなすのが、「レシーブタイプ」。
貢献奉仕型で、人の役に立ちたいという思いが強く、平和を保ち、葛藤を避けたい、中立的な立場でいたい、他者との戦いよりも協調を大切にしたいといったタイプです。
キーワードは、「善悪」「正邪」「愛憎」など。「いつもみんなのことを気づかってくれていて、本当に感謝しているよ」などの言葉かけにモチベーションアップしますが、「このままでは、あいつに負けるぞ」などと煽るのは逆効果。「別に誰かと競争したいわけじゃないし。それよりもっとお客さんの役に立つことをしたい」と思っていることが多い人々です。

アタックタイプとレシーブタイプは真逆とも言えるので、上司と部下が反対のタイプだと特に注意が必要です。

たとえば、アタックタイプの上司とレシーブタイプの部下のあいだで、こんなやりとりがあるかもしれません。

上司「今は少し大変だけど、この契約がとれたら、達成率で社内トップになれるぞ！」

部下「はあ（うちのマネジャーはお客様のことより社内の順位のことばかり気にしているな……）」

上司「なんだ、気のない返事だな。1位になりたくないのか!? ガッツ出していこうぜ（どうも軟弱で困る。達成意欲が感じられない……）」

こんなやりとりは、お互いへの信頼感が下がることにつながりかねません。

また、この2つとは別に、同じく対になる「シンキングタイプ」と「フィーリングタイプ」があります。

「シンキングタイプ」は、論理探求型。どちらかというと左脳で考えるタイプで、さまざまな知識を吸収したい、複雑なものごとを究明したい、自信を持ちたいと考え、

対をなす2つのタイプ

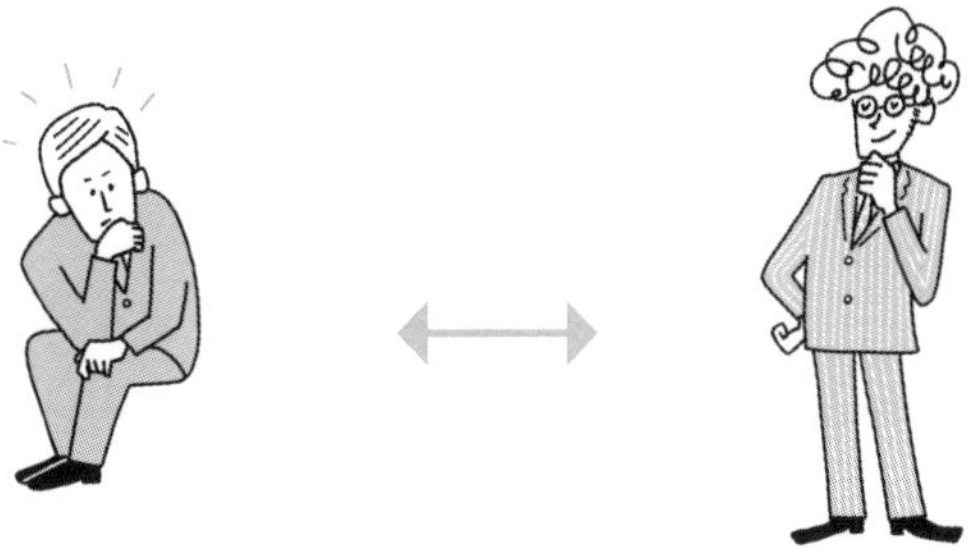

勢いだけで走ることや無計画な状態を避けたいと思う傾向があります。

キーワードは、「真偽」「因果」「優劣」。このタイプの人に、「とりあえず適当に、ちゃちゃっとやって」はご法度。なぜその仕事をしてほしいのか、どんな力に期待しているのかなど、理屈をきちっと伝えることも大切です。

また、「この仕事を通じて、君の○○の能力がいかんなく発揮されて、一回り大きくなったね」など能力向上や思考力への評価は、シンキングタイプの人のモチベーションアップにつながります。

一方、「フィーリングタイプ」は文字通り感覚的で、審美創造型と言っていいタイプです。新しいものを生み出したい、楽しいことを計画したい、自分の個性を理解されたいと願い、平凡であることや同じことの繰り返しを避けたいと考えます。

キーワードは「美醜」「苦楽」「好嫌」。「これが実現できたら、面白いよね」や「このアイデアってこれまでと違って新しいよね！」など、感覚に訴えることが有効です。そのため、あまりにもルールで縛り、手順通りに行うことのみを評価していると、本人はやる気を失います。

これらのタイプの違いは、気をつけていないと意外と見落としがちです。なぜなら、相手が、「それだと私はモチベーションが下がります」とはなかなか言ってくれないからです。だからといって、面談で「君はこのタイプだったよね」というような話をしてしまうと、少しこじつけられているように感じて不自然に思います。

大事なことは、普段から部下の様子をよく見て、どういう声かけをするとモチベーションが上がりそうかを意識しておくことです。

注意したいのは、ステレオタイプ的な捉え方をすることで、バイアスにとらわれた目で相手を見てしまうことです。相手が今、何を重要視しているかをしっかり理解しながら話をすることが大切です。

4つのモチベーションタイプ

アタック＝達成支配型

「勝ち負け」「敵・味方」「損得」

- 自力本願で強くありたい
- 成功を収めたい
- 周囲に影響を与えたい
- 意志薄弱な状態や人への依存を避けたい

レシーブ＝貢献奉仕型

「善悪」「正邪」「愛憎」

- 人の役に立ちたい
- 平和を保ち、葛藤を避けたい
- 中立的な立場でいたい
- 他者との戦いよりも協調を大切にしたい

シンキング＝論理探求型

「真偽」「因果」「優劣」

- さまざまな知識を吸収したい
- 複雑なものごとを究明したい
- 自信を持ちたい
- 勢いだけで走ることや無計画な状態を避けたい

フィーリング＝審美創造型

「美醜」「苦楽」「好嫌」

- 新しいものを生み出したい
- 楽しいことを計画したい
- 自分の個性を理解されたい
- 平凡であることや同じことの繰り返しを避けたい

後述しますが、人は、時間の流れや環境の変化により相互作用を受けて変化していくものです。思い込みや決めつけを避け、そのときそのときで相手が何を考え大切にしているかを理解する関わりが求められます。

(4-2)

★★★

キャリア観はどっち？

「山登り型」と「川下り型」

目標に突き進むか、流れに身を任せるか

働くうえでどのようにキャリアを積んでいくかという「キャリア観」の違いも、意識すべきポイントです。

働く人は、そのキャリア観の違いによって、大きく2つに分けることができます。

1つは「山登り型」。自分が登りたい山、つまり明確な目標を決め、それに向かってひたすら努力して達成する。目標が明確であれば、目的地までのロードマップが描

2タイプに分かれるキャリア観

山登り型

明確な目標に向かう
（ゴールピープル）

川下り型

流れに身を任せる
（リバーピープル）

きやすく、日々どんな行動をとるべきかがイメージしやすいです。

　一方で、なかなか山頂までたどり着けないときにモチベーションを維持すること、そしてめでたく目標を達成したあとに新たな目標を掲げて再び自分を奮い起こすことが難しかったりします。

　もう一方が、「川下り型」です。こちらは、特定の「この山を登りたい」というよりは、ラフティングのように目の前の川の流れに集中し、時には激流にもまれながら障害を乗り越え、気づいたら広い海（目的地）にたどり着き、力も身につけているといったタイプです。

　川下り型は大きな目標を掲げていない

分、目の前のことに集中しやすく、自分のキャリアや仕事内容が予想外の方向に進んでも柔軟に対応できます。

ただ、結果的に遠回りしてしまうこともあるでしょうし、「自分はどこへ向かうべきなのか」と悩むこともあるでしょう。

山登り型を「ゴールピープル」、川下り型を「リバーピープル」と表現することもあります。

目標設定や評価の際、山登り型には明確な目標を示し、多少困難が予想されても、「がんばって達成していこう」と励ましモチベーションを高めます。しかし、川下り型に対し同じようにしても、あまり刺さらないということが起こりえます。

逆に、「まあ、とりあえず目の前のことをしっかり実行して」という言葉は川下り型は受け入れやすいですが、山登り型は「この先どこにたどり着くのか」と不安になりがちです。

実は「川下り型」の人が多い

キャリアを積むというと、山登り型のイメージが強いと思うのですが、実際は、川下り型のように、目の前の仕事に一生懸命取り組んで気づいたら力もキャリアも積み上がっていた、という人が多いというのが現実です。

そのようなキャリアのあり方を理論化したのが、スタンフォード大学のジョン・D・クランボルツ。1999年に「計画的偶発性理論（planned happenstance theory）」を提唱し、キャリア形成の8割は偶然によって決まると説きました。

そして、目標を明確にしてがんばるばかりではなく、「未決定」であることも望ましい状態として歓迎しました。実際、クランボルツらのリサーチでは、18歳の時点でなりたいと考えていた職業に実際についた人の割合は約2％だったと言います。

ただし、この理論は単に偶然を待てばいいというのではなく、そのときそのとき目の前のことに一生懸命に取り組むうちにチャンスをつかみ、まるで「計画された」ようにキャリアは形成されていくのだとします。

重要なのは、広くアンテナを張る「好奇心」、失敗しても諦めずに努力する「持続性」、固定観念にとらわれない「柔軟性」、うまくいくと信じる「楽観性」、リスクをとることを恐れない「冒険心」。この5つだと説きます。

このようなキャリアに対する柔軟な考え方は、変化の激しい時代のなかでは非常に受け入れられやすいものです。

近年では、1976年にボストン大学のダグラス・ホールが提唱した「プロティアン・キャリア」をベースに発展させた理論が、日本で注目されてきています。「プロティアン」という言葉は、ギリシャ神話に登場するプロテウスという変幻自在に姿を変える神から来ています。キャリアも、環境の変化に応じて自分の意思で自由に姿を変えられるというわけです。

人生100年時代のなかで、何度も変化し、変わっていく柔軟性の重要度が高まり、この概念が広まってきています。

何か大きな目標を持っていないと自分はダメなんじゃないか、何か明確な目標を追いかける方がかっこいいし成長できそう、と考えてしまう人もいますが、そうとも限りません。掲げた目標がクリアできたとき、また次の目標を掲げることができず燃え尽きてしまうケースも多く、それはそれで困難なのです。

人事評価の際も、大きな目標を持つことばかりを重視するのではなく、柔軟に変化をとり入れながら、時には楽観的に取り組む姿勢にも注目する必要があるでしょう。また、マネジャー自身が、自分のこれまでのキャリア、今後のキャリアの道のりについて語れることが大事です。

振り返ってみれば、皆さんもきっとどこかの時点で川下り期も山登り期も経験したはずです。**自分自身の経験を棚卸ししておくことで、部下に語れる〝コンテンツ〟になります。**

実体験を共有すれば、相手の本音を引き出しやすくなります。さらに、本人も今後どうやってがんばっていけばいいかが見えてくるかもしれません。

4-3 ★★★

上司と部下の認識ギャップは？

「充実」「天狗」「卑下」「停滞」モード

モチベーションを下げずに認識ギャップを埋める

評価者にとって悩みの種となりがちなのが、「上司評価」と部下の「自己評価」のあいだに生じる認識ギャップです。

上司評価と自己評価が一致している場合もそうでない場合も、それぞれのパターンに応じて上司が言葉づかいを工夫することで、もっと成長を促すことができます。一方で対応を間違えれば、モチベーションを損なってしまう恐れもあります。

上司評価と自己評価がそれぞれ高いか低いかに応じて、4つの「モード」に分類することができます。

理想的な「充実モード」も注意が必要

理想的なのは上司からの評価も本人の自己評価も高い「充実モード」です。きちんと結果を出していて本人もそれを認識しているということなので、そのままで特に問題はないのですが、一方で上司としては注意点もあります。

充実モードの部下に対して上司がやりがちなことの1つが、「絶好調だね！　そのままがんばって！」と褒めて終わってしまうことです。

自己評価が高いというのは自己信頼も高い状態なので、本来はもっと能力や成果の基準を上げていこうという話をしやすいタイミングです。それなのに、次のステップについてまったく触れずに手放しで褒めてしまうと、「あ、これでいいんだ」と、現状の基準で固定化されてしまい、下手すると天狗になってしまう。

長期的に見て本人の成長が止まってしまうリスクがあるというのが、充実モードで

上司評価と自己評価の一致度と4つのモード

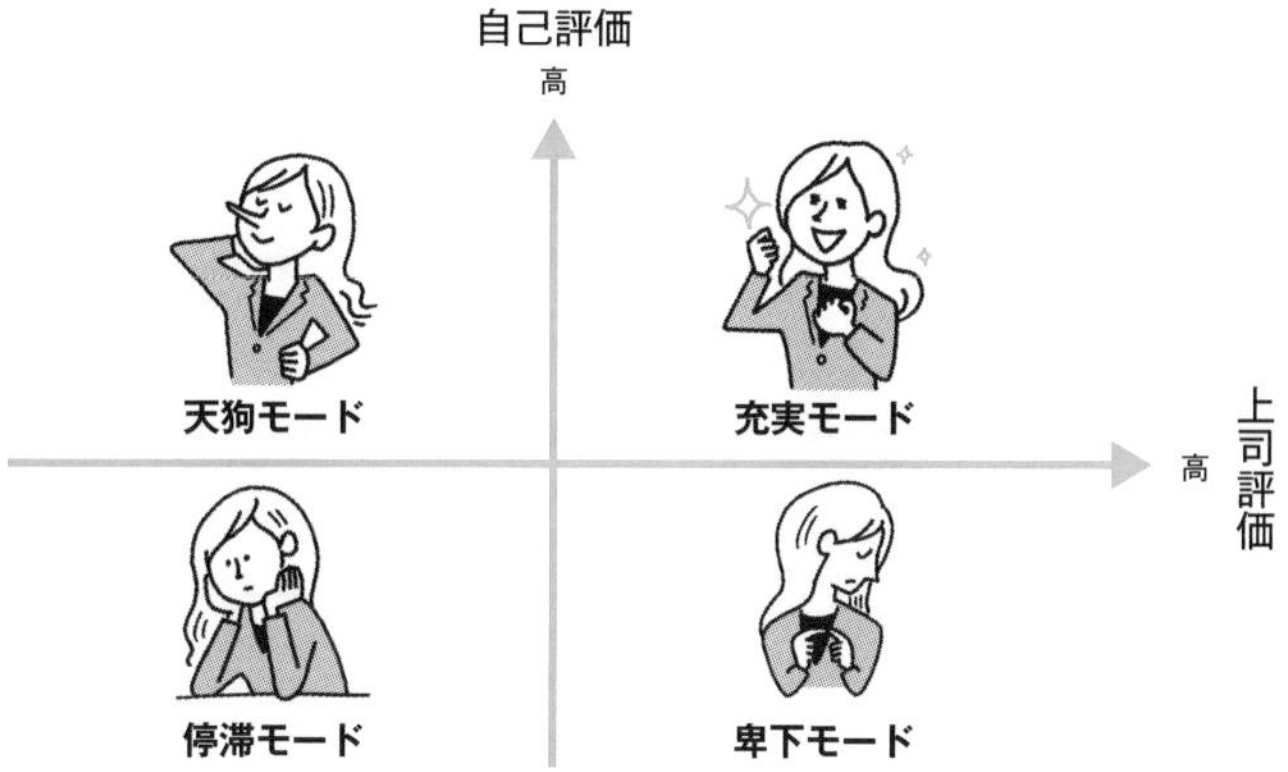

注意すべきところでしょう。

そこで、結果だけを褒めるのではなく、なぜその結果が出たのかという要因分析やプロセスの振り返りを一緒に話してみる。ヒーローインタビューを受けるように、「あ、これがポイントだったかな」と、本人が自分の成功体験の棚卸しをすることが肝心です。

成果ばかり褒めると、逆にチャレンジしなくなります。もう1回要素分解して、その人の成長の軌跡を言語化してあげると、成長のプロセスの再現性を持つことができます。そうすると、次のステージにチャレンジしたとしても、自分のなかに武器があるというか、自信が持てる状態になっています。そして、次に向けてより高い目標を設定できるように促していくことが大事です。

時に、活躍していた人が急に会社を辞めると言い出す場合があります。1つは、「もう自分はできる！　違うチャレンジがしたい！」と、満足してしまったというパターン。もう1つは、成果を出し続けてくれるはずという周囲からのプレッシャーを避けたいという心境から「環境を変える」というパターンです。よくあることですが、組織にとって本当にもったいないことです。

上司は、「今あのメンバーは絶好調だからほっといていいか」と考えがちです。しかし活躍している人こそ、もっとぐいっと伸びてもらうと、組織全体のペースメーカーとしてより高みに押し上げてくれる存在になるので、適切にバーを上げてあげるのが良いでしょう。

天狗モードはギャップの原因の究明を

2つ目は、自己評価は高いが上司評価が低いという「天狗モード」です。自分に自信があるのはいい状態ではありますが、過大評価をしているきらいがあります。

自信があるのに評価が伴わない、あるいは「こうありたい」「こう見られたい」という理想と目の前の現実にギャップがあると、焦りが生じます。自分をアピールしなくてはと力を誇示し始めたり、天狗的な言動が見られるようになったりします。

上司と部下で評価の基準がずれているなら、ちゃんとすり合わせていくことが大事です。たとえば、「80点が合格ラインですよね。私、80点とっているんですけど」「いやいや合格ラインは90点だったんだよ」という基準のずれがあったとすると、「それ早く言ってよ」となりがち。もう少し高い基準を目指す必要があることを、本人が理解できないともったいないです。そこで、何が勘違いのポイントなのか、何がずれているのかをすり合わせましょう。

どのタイミングでずれが生じてしまったのかというのは、もちろん部下側の問題かもしれないし、もしかすると上司側があいまいにしすぎた可能性もあります。あるいは、調子に乗せようと思って「いいねいいね」とおだてすぎて勘違いさせたのかもしれません。マネジャー側の目標設定やコミュニケーションに問題はなかったのか、というのはチェックすべき項目です。

もう少し基準を高く、課題意識も持ってくれていたら、もっと成長できたかもしれないし、成果を出せたかもしれません。ただ、「もっと高い基準を設定してね」と言い渡すだけではなく、前提として「あなたを信頼している」「期待しているからこそもっと成長してほしい」と伝えつつ、お互いの基準をそろえたいところです。

卑下モードは自己信頼を高めるところから

次に、上司の評価は高いのに、自分自身の評価が低いという「卑下モード」。「どうせ私なんか」が口癖になっているような部下です。

「いやいや、結構がんばっているし、こんなこともできたじゃない」と言っても、「いやいや私なんて」という反応なので、ついマネジャー側も「あれはまぐれだったのかな」と思ってしまったりしがちです。

自己評価が低いというのは、自己信頼が低いということでもあります。どこか自分に自信がなく、自己肯定感が低い。何かのコンプレックスを持っているケースが多いです。そのコンプレックスを自分自身で表現できるようになると、改善されるケースは多いのですが、本人が気づいていない場合や隠している場合もあります。

たとえば、「なんでそんなにがんばっているのに自己信頼が低いんだろうなあ」と思っていたら、同じ部署の大先輩と比較して、自分はまだまだと感じていたり、とうてい追いつけないとひるんでしまっていたりします。適切な基準を設定していないために、自分はダメだとずっと思っているのです。

あるいは、防衛的な意識が働き「自分はできないです」と言っておくことによって、それ以上高い要望が来ることを避けたいという場合もありえます。自分を低くすることによって、難しい仕事が来ることを避けたり、チャレンジすることから逃れようとしたりするわけです。

評価が高いということは、普通にがんばれる人。でも、がんばり状態が続いた結果、どこかのタイミングで息切れして、苦しくなってしまったのかもしれません。そこで、もうちょっと楽にしてあげるというか、きちんと自己信頼ができる状態にするということが重要です。

まずは、なぜ自信を持てないのかを、ちゃんと探っていく必要があります。時間はかかると思いますが、なぜ私はあなたのことを評価しているのかという理由を要素に分解して説明し、コミュニケーションをとっていくことが大事です。実際の根拠を示しつつ、「あなたはできる」という共通認識をつくり、本人の自己信頼を高めていきましょう。

また、たとえば上司が褒めるだけではなくて、周りのさまざまな人からも褒めてもらうことによって、「みんなもそう思ってくれているのかな」と認識を変えていくこともできます。

停滞モードには2パターンある

最後に、上司評価も低くて自己評価も低いというパターンで、「今のままじゃダメだよね」という認識がお互いにすり合っている「停滞モード」。

停滞モードの人は2パターンに分けることができます。

一方は、成長曲線のいわゆる「プラトー状態」にあり、成長が一時的に止まって見えるという人。こちらはどちらかというと前向きな状態です。

他方で、「どうせ私なんて」「しょせん」「やっぱり」などの言葉が出てきがちな諦めモードの人もいます。成果が出ていないからというのもあるし、防衛的に「いやもうほんとに私なんて」「私ダメなんです」と言い訳したり、環境のせいにしていたりすることもあります。

上司評価と自己評価が一致しているので、認識がすり合っていること自体は悪くないのですが、ほとんどの人は長期間この停滞モードのままでいることは難しく、できる限り早くこの状態を抜け出せるように支援すべきです。

そのためにはどちらのパターンにしても、目標を小さく刻み、とにかくやるべきことを限定してあげることが大事です。

「まずここでがんばってみようよ」とか、「これでやってみようよ。ほらできたじゃない」という繰り返しをしていかないと、なかなか変わらないでしょう。自己信頼を少しでも高くできる機会を増やして、「自分ができた」と思える機会を少しずつ増やしていくことが大切です。

(4-4)

★★★

タイプ、キャリア観、認識ギャップは「状況によって変わる」

「決めつけ」にご注意

タイプはあくまで「どっち寄りか」という話

ここで注意が必要なのは、モチベーションタイプもキャリア観も、上司と部下の認識ギャップも、場合や状況によって変化するということです。

普段はレシーブタイプで、縁の下の力持ちとしてがんばることに喜びを感じている人が、どうしても勝ち負けにこだわりたい状況になった際、アタックタイプに変化することもありえます。

決めつけに注意!

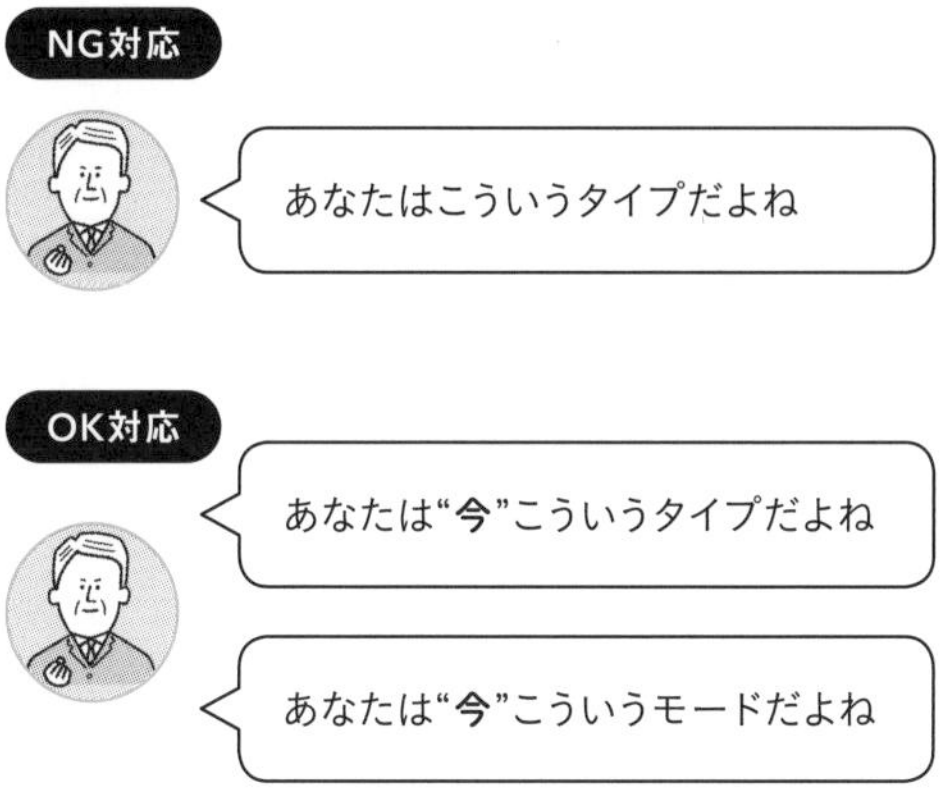
NG対応
あなたはこういうタイプだよね
OK対応
あなたは“今”こういうタイプだよね
あなたは“今”こういうモードだよね

時間の経過と共に、環境のなかで当然さまざまな相互作用があるので、タイプが変わるというか、本人が何を重要視しているかが変わる可能性はあるということを頭に入れておく必要があります。

キャリア観はそれほどコロコロ変わったりしませんが、大きな出来事があったりするとやはり変化します。タイプは、あくまでどっち寄りかという話なので、ステレオタイプ的に「この人はこうだから」と決めているといつの間にかずれている可能性があります。

しかも、急に介護が必要になったなど、家庭環境の変化が大きく作用することがあります。人間のタイプは基本的に、状況や経験でつくられるものです。取り組んでいることや置かれている状況によってどんどん変化するのは当然です。

部下のタイプを理解しその人らしさをうまくサポートしてあげる一方で、あまりに決めつけすぎてしまうと、その人の可能性を狭くしてしまうリスクがあります。

フィードバックの際も、「あなたはこういうタイプだよね」と人物を限定するよりは、「あなたは〝今〟こういうタイプだよね、こういうモードだよね」と、あくまでこの瞬間を切り取ったときにどういう傾向なのかを明確にしておきます。そうすれば、後々タイプが変わったときにも対応しやすいし、変わってほしいと思ったときにもアドバイスしやすいというメリットがあります。

以前は全員がオフィスで仕事していたので、オフィスのなかの環境変化や関係性をしっかり見ていれば、比較的容易に部下のタイプやモードの変化を把握できました。しかし、リモートワーク中心で自宅にいる時間が増えてくると、家族との関わりなど職場以外の影響によるコンディションの変化がこれまで以上に起こりやすくなっています。しかも、プライベートの話はなかなか根掘り葉掘り聞けません。

普段から、仕事だけでなく趣味や自分の子供の話などの雑談もするようにしていると話題が少し広がります。プライベートの話もしやすいようにしておくと、メンバーが相談しやすい状況がつくれるかもしれません。部下との日常的なコミュニケーションのとり方については、第5章で解説します。

ここでご紹介したフレームワークは、さまざまある考え方の一部です。このような観点を用いつつ部下の理解を深め、信頼関係を高めておくことによって、いざ評価を伝えるときや、次なる成長目標を伝えるときなどに、その「伝わり方」はまったく違ってくるものです。

第4章のまとめ

★どんなときにモチベーションが上がるかによって、人は大きく4つのタイプに分けられることを意識しよう。

★大きな目標を掲げて突き進むタイプと、目の前のこと一つひとつに集中するタイプ、2つのキャリア観があることを認識しよう。

★「上司評価」と部下の「自己評価」のあいだに生じる認識ギャップとその対処法を知っておこう。

★さまざまなタイプは、時と状況に応じて変わるので、決めつけすぎていないか〝今〟の様子をきちんと把握しよう。

第 5 章

成果と成長を促す評価の伝え方とは？

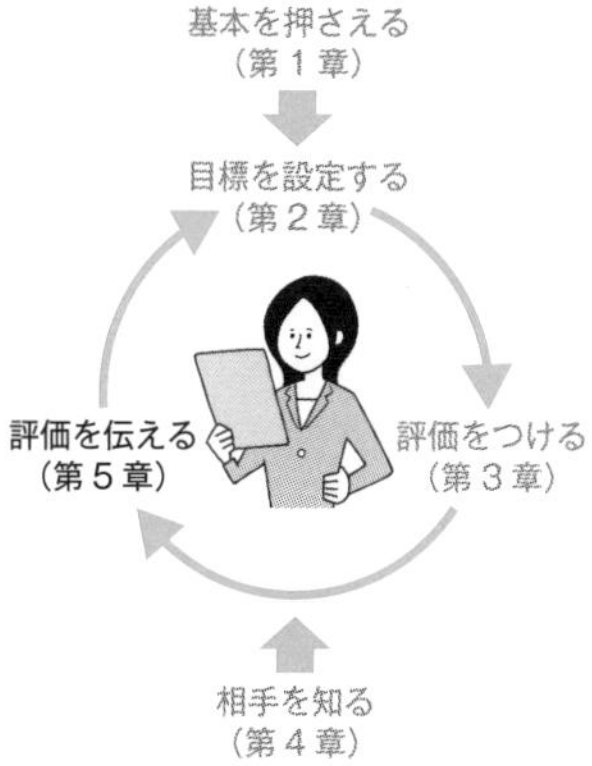

人事評価の基本サイクルの最後の部分、「評価を伝える」ところまで来ました。本章では、まずは面談の基本的な型を紹介したうえで、評価者に必要とされる5つの心構えを解説します。

5-1

★★★

評価面談を行うときの基本的な型

しっかり準備して臨む

面談の時間は最低30分

ここまで目標設定の方法と評価のつけ方について見てきました。いよいよ評価を「伝える」段階です。まずは評価面談の進め方の型を把握しましょう。

評価面談の際は、図のような基本的な流れを意識してください。

まずは面談前の事前準備が重要です。面談を落ち着いて行うために、「今ちょっといい？」と声をかけるのではなく、あらかじめ時間と場所を確保しておきましょう。

評価面談の基本的な流れ

手順	ポイント
事前準備	・時間と場所を確保する ・部下の自己評価資料に目を通す ・上司側の評価案を決める ・部下の次の成長課題を考える ・上司側の感情面を落ち着かせる（集中できるように）
面談の場をつくる（アイスブレイク）	・話しやすい雰囲気をつくる ・成長につなげてほしいという場の目的を伝える
感謝を伝える	・評価対象期間の労をねぎらう ・評価対象期間の貢献への感謝を伝える
部下の自己評価を聴く	・話をさえぎらずに、じっくり話を聴く ・うなずいたり、目線を合わせるなど傾聴姿勢を保つ
質問で詳細に振り返る	・評価のずれとなっている前提を確認する ・成功要因をヒーローインタビュー的に質問する
上司側の評価を伝える	・期初に設定した目標を再確認する ・評価の根拠となるロジックや観点を伝える ・評価者本人の一人称で語る
評価をすり合わせる（納得感を醸成する）	・部下から質問を受けながら評価結果をすり合わせる ・納得してもらえないなら別途時間をとって話をする
次の目標設定面談の前振りを行う	・長期的な成長期待やキャリア支援的アドバイスをする ・次回の目標設定時の課題案をいくつか提示する
面談の場をしめる（クロージング）	・改めて評価対象期間の貢献への感謝を伝える ・今後への期待を伝える

面談の時間は、目安として最低30分程度です。何度も評価面談をしている部下であれば30分で良いですが、まだ関係性が深まっていない部下の場合はもう少し長めの45〜60分程度かけるのが望ましいです。相手の理解が深まり、目標設定や評価への納得感が高まるので、長期の大きなリターンを狙うための先行投資と考えてください。

また、部下の自己評価資料にもきちんと事前に目を通しておきましょう。そして、上司側の評価案を決めておきましょう。さらには、面談の最後に伝えるために対象者の次の成長課題の方向性もいくつか考えておくと、もっと有意義な場になります。

また、大切な評価面談に落ち着いて臨むことができるように、上司自身の感情面を落ち着かせることも大切です。ほかの仕事での感情を面談に持ち込まないでください。

しっかり面談の場を温める

まず、いきなり本題に入るのではなく、〝場づくり〟をします。

基本的なことですが、本音で対話ができるように、リラックスした雰囲気をつくるのも大切です。

また、面談の場の目的として、評価のすり合わせを行うと同時に、今後の成長課題も一緒に考えていきたいという思いも伝えましょう。

そして、いきなり評価の話に入る前に、評価対象期間を一緒にがんばった部下に対して労をねぎらう「お疲れ様」のような言葉や、その期間の貢献に対する感謝を忘れずに伝えましょう。

「聞く」のではなく「聴く」

次のステップは、「部下の自己評価を聴く」時間です。

まず「聴く」についてですが、「聞」ではなく「聴」という漢字を使っているのがポイントです。しっかり相手の話を「傾聴」することが大切だからです。

表層的な言葉だけでなく、部下の深層にある前提や考え方に耳を傾けてください。

ここで大切なのは、話を途中でさえぎらず、結論まで言わせることです。話を聞きながらうなずいたり、目線をしっかり合わせたりすることで、「聴いていますよ」というサインを送りましょう。

いったん話を聴き終わったら、より深く理解したいポイントに関していくつか質問をして、上司側の評価にずれがないか確認していきましょう。

また、高評価の際にはスポーツの「ヒーローインタビュー」のように「なぜうまくいったのか？」を質問で深掘りすることで、学びを深めるサポートをしてください。

「説得」ではなく「納得」にこだわる

ここまでの会話で、上司は自分の評価案が固まっているはずです。

評価を部下に伝える際に重要なのは、「（自分ではなく）役員がこう言っていた」などと他者を引き合いに出さず、評価者本人の一人称で話を展開することです。

また評価の根拠となっているロジックや観点などは、抽象的な表現を避け、具体的な出来事や事実に基づいて話をしていきましょう。

特に、上司評価と部下の自己評価がずれている場合は、より丁寧なコミュニケーションを心掛けましょう。評価面談に慣れていないときは、この認識のずれのすり合わせが面倒に感じてしまい、無理に相手を説得しようとしてしまうので注意が必要です。

大事なポイントは、説得ではなく納得です。

仮に論理的に正しくても、感情的に反発されてしまうと納得感は低くなります。時には、部下側が感情的になってしまい、その場ではどんな説明をしても心から納得してもらえないということもあるかもしれません。

あとで部下側が落ち着いたときに、「そもそも面談を通じて自分の考えをしっかり聴いてもらえていた。そのうえで、上司の考えも丁寧に説明してくれた」という気持ちになるように向き合うのが理想です。「たとえ見解に違いがあっても、真摯に対話してもらえるんだ」という安心感を醸成しましょう。

当初予定していた30分の面談時間で納得感の醸成までたどり着くのが難しいという判断なら、場合によっては別途時間を確保するのも良いでしょう。納得感が次の成長への原動力につながります。

「過去の話」だけではなく「未来の成長」につなげて面談を終える

評価はあくまでも過去の話の振り返りにすぎません。

面談を終わる際には、未来に向けたモチベーションが上がっている状態なのが理想です。

評価面談が終わるということは、次の目標設定面談が始まることと同義です。

部下の将来的なキャリアの可能性や、長期的な成長に対する期待などを改めて伝えながら、本人の次の成長課題の方向性をすり合わせて、目標設定しやすい状況をサポートしていきましょう。

評価面談の型の大半は、目標設定面談でも活用することが可能です。

目指すのは、目標設定面談であれば、相手が「具体的な行動にまで落とし込めたので、すぐに動き出せそうだ！」「自分はこんな期待をされているのか！　がんばろう！」という気持ちになることですし、評価面談であれば、「評価結果について納得できた」「来期はこの課題を踏まえてがんばろう！」という気持ちになることです。

5-2 ★★★

面談の心構え❶「face to face」より「side by side」

評価は部下の成長のためにある

面談前のマネジャーはゆううつ？

面談については苦手意識を持つ方も多いですが、やり方次第できっと克服できるはず。面談がうまくいくための心構えを5つ紹介していきます。

まず、そもそも皆さんは評価面談にはどのような気持ちで臨んでいるでしょうか。

「ああ、今日もダメ出ししないといけないなあ」

「本人の自己評価はSだけど、上司側の評価はAだから、ちゃんと納得させなきゃいけないなあ」

など、少しゆううつな気持ちになっていませんか？　そして、「とにかくなんとか説得しないといけない」「反論されても言い返せなかったらどうしよう」「そもそもなめられないように理論武装しないと」など、いつも以上に肩に力が入って臨んでいないでしょうか。これは特に、初めて評価をする人や経験が浅い人ほど、陥りがちな心境だと思います。

評価は賞与や昇給につながっているため、当然もめるリスクもある程度あります。しかも、上司としての威厳を部下に認めさせないといけないなどと、必要以上に自分にプレッシャーをかけがちです。

その気持ちは、面談の場面に臨む際の心構えにも現れます。

ここまで何度も触れていますが、望ましいのは、「評価のための評価」ではなく、「成長（育成）のための評価」として、評価面談の機会を活用しようとする心構えです。

よくあるパターンは、上司と部下がテーブルを挟んで真正面から向き合うような「face to face」の姿勢で臨むイメージです。まさに対決を示す構造です。

実際の座席の位置のことではなく、あくまでも心構えを指しています。「face to

face to faceからside by sideへ

face」の心境で面談を行おうとするのは、評価面談は部下が評価に納得するよう説得する場だと無意識的に考えているからです。

上司と部下のあいだにある「テーブル」の上にある題材は、「過去の評価」です。過去について話をするだけだとなかなか未来を向くことは難しい。そして、それが原因で失敗しているケースが非常に多いと言えます。

しかし、評価はメンバーの成長や育成のためと捉えると、「face to face」の対決姿勢ではなく、同志や仲間として同じ方向を向く「side by side」の姿勢となります。

「あたかも横並びで座っているように同じ方向を見ながら、未来のことを一緒に考える」という姿勢です。同じ方向を見るということは、上司と部下で共通の目標に向かって一緒に成長していこう、考えていこう、という姿勢になるはずです。

あくまでも概念的な話になりますが、上司と部下が向き合った「face to face」の場合、2人のあいだの空間は狭く、上司は「審判や評価を下す立場」という構造になりがちです。

一方、「side by side」で上司と部下が同じ方向を見る構造の場合、視野も広がり、上司は部下の未来を一緒に考え応援してくれる存在になります。

管理職として「評価」という機会を武器にするためにも、まずは自分が「side by side」の姿勢で面談に臨めているかをチェックしてみてください。

上司が正解を持っているわけではない

特に最近のビジネスをとりまく環境を鑑みると、この「一緒に未来を考える」という姿勢は非常に有効です。なぜなら、必ずしも上司が正解を持っているわけではないからです。

そもそも、上司の経験と部下の経験では、その背景となる環境や社会情勢が違うし、当然、人としての個性や考え方も異なります。自分が経験したことのない仕事内容のチームをマネジメントしなければならないケースもよくあります。

それに私たちは今、変化の激しい時代に直面しています。VUCA（Volatility＝変動性、Uncertainty＝不確実性、Complexity＝複雑性、Ambiguity＝あいまいさ）という言葉を耳にしたことのある方も多いでしょう。技術革新や社会情勢によりビジネス環境が急激に変化し続け、なかなか先が読めない、正解のない時代になっているのです。

VUCA以前の時代は、上司が正解を持っていて、チームの同質性が強みとなる「タテ関係重視の指示管理型マネジメント」が主流でした（図の左部分）。一方でVUCA時代は、上司が正解を持たず、チームの多様性が強みとなる「ヨコ関係重視の対話共創型マネジメント」が求められています（図の右部分）。

VUCA前のマネジャーが「育成指導」する存在だったとすれば、VUCA後は「成長支援」をする存在へと変わってきているのです。

VUCA前後で求められるリーダー像が異なる

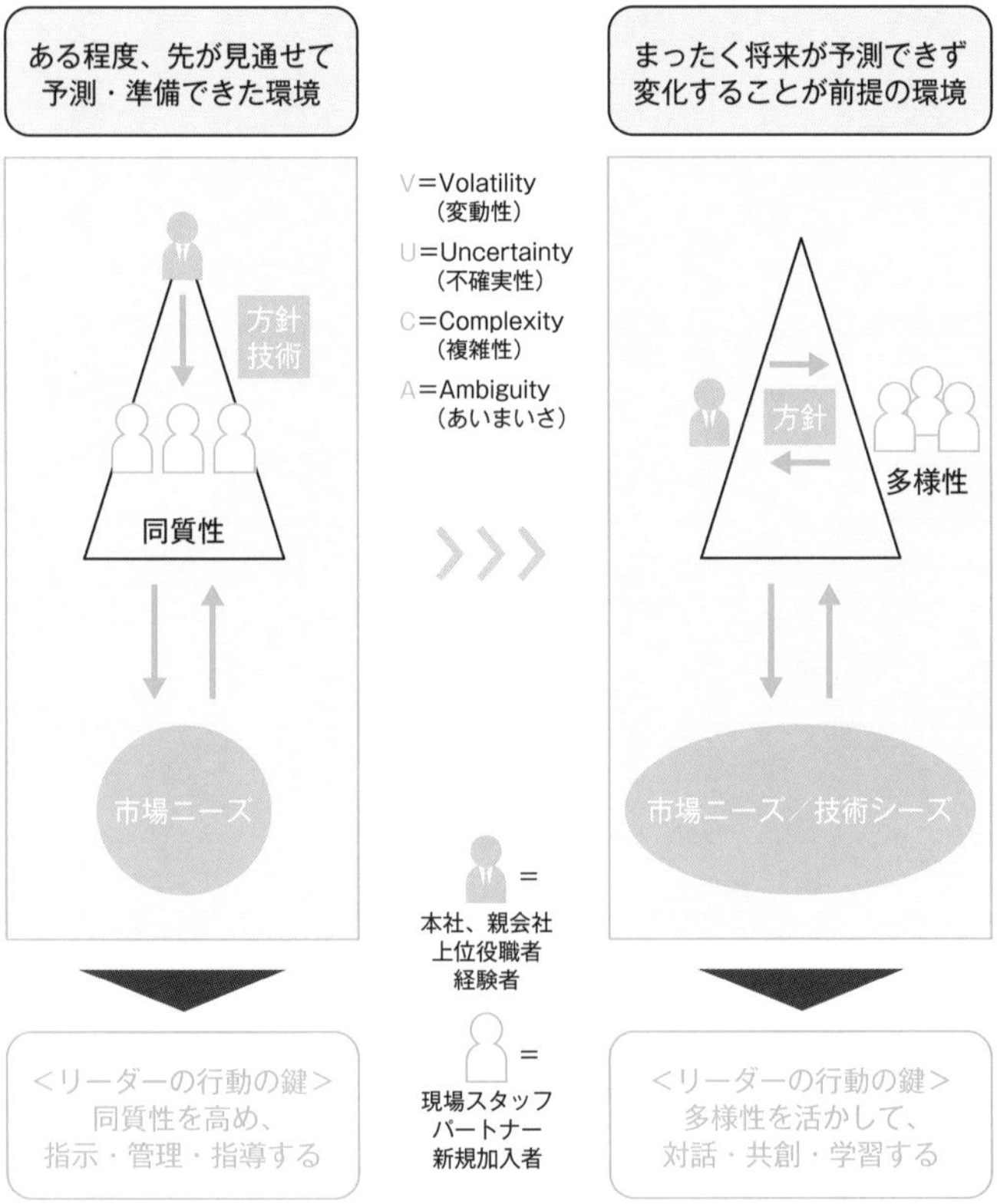
ある程度、先が見通せて
予測・準備できた環境
方針
技術
同質性
市場ニーズ
＜リーダーの行動の鍵＞
同質性を高め、
指示・管理・指導する
V＝Volatility
（変動性）
U＝Uncertainty
（不確実性）
C＝Complexity
（複雑性）
A＝Ambiguity
（あいまいさ）
＝
本社、親会社
上位役職者
経験者
＝
現場スタッフ
パートナー
新規加入者
まったく将来が予測できず
変化することが前提の環境
方針
多様性
市場ニーズ／技術シーズ
＜リーダーの行動の鍵＞
多様性を活かして、
対話・共創・学習する

今求められるのはカリスマ的リーダーではない

また、リーダーシップのあり方も大きく変化しています。かつては、カリスマ型リーダーシップや変革型リーダーシップが注目されました。しかし近年では、メンバー全員がリーダーとなる「シェアドリーダーシップ」、リーダーの自分らしさを最大限活かす「オーセンティックリーダーシップ」、メンバー全員の力を引き出す「インクルーシブリーダーシップ」などが提唱される時代になっています。

強烈なカリスマ性でグイグイ引っ張るリーダーより、謙虚さと共感力を備えるリーダーこそが必要とされているのです。

正解を持たないリーダーとして、「なんでも自分が答えなければいけない」という意識を手放したとき、じゃあどうすればいいのか。

たとえば、自分の経験そのものが答えにならなかったとしても、経験の過程で培ってきたさまざまな社内外のネットワークがあるはずです。そこで、「君みたいなタイプだと社内の田中さんにちょっと相談してみて、どんなキャリアを歩んできたのか今度聞いてみようか」「パートナーの山田さんに話を聞かせてもらうと解決のヒントがつかめるかもしれない」など、他者を巻き込みながらマネジメントしていくことも考えられるでしょう。

たとえて言えば、一人がすべての教科を教える小学校の先生ではなく、科目ごとに専門性の高い先生を連れてきながら、最終的には大学に合格させるなどの「目的を一番身近でサポートしていく存在」になればいいのです。

真面目で責任感が強い人ほど、「自分がちゃんと全教科を教えなければ」と考えがちですが、画一的な手段にこだわらず、もう少しフレキシブルでもいいはずです。

評価面談は、貴重なコミュニケーションの機会です。なかには、いろいろ突っ込まれるのを避けたいのか、「なんかある？　じゃ大丈夫かな？」と、そそくさと面談を切り上げようとするマネジャーもいます。「評価面談があまり得意じゃないから」と、最初に言い訳する人もいたりします。

しかし、部下と深い話をするのが苦手だからこそ、この機会を使わないともったいない。普段なかなか話を切り出しづらいという人には特に、評価のフィードバックをきっかけにコミュニケーションをとれるのは貴重なチャンスとなるはずです。どうやったら活かせるかを考えて、ぜひトライしてもらいたいと思います。

★★★

(5-3)

面談の心構え② 「ロジック」より「モチベーション」

相手を納得させることより重要なこと

「耳の痛い話」をチャンスと捉える

評価面談では、今回の評価が低かった理由を説明したり、降格を伝えたり、改善してほしいポイントを伝えたり、部下にとって耳の痛い話をする場面も少なくありません。その際は、ロジックでどう納得させるかではなく、どう一緒にチームをつくっていくか、そのためにどう部下のモチベーションを上げるのかに注力します。

たとえば降格を伝えなければいけないとき、もちろんなぜ降格になってしまったのかという理由を、ルールに則ったロジックできちんと伝える必要はありますが、それだけでは単に相手のモチベーションを下げて終わりになりかねません。大事なのはそこから。どうすればこれを機に次の目標に向けてモチベーションを上げられるのかを意識することです。

そこで必要になるのが、第2章で簡単に紹介した、やる気に火をつける「モチベーションの公式」の3つの要素です。

モチベーションに必要なのは、「やりたい！」と思ってもらえる「目標の魅力（will）」、「やれそうだ！」という「達成可能性（can）」、そして「このままではやばい！やらなければ！」という「危機感（must）」の3要素がかけ合わさることです。

では、それぞれの要素を詳しくご説明しましょう。

要素1「目標の魅力」——やりたい！を高める「ラダー効果」

ラダー効果とは、はしごを登っていくように視点を引き上げ抽象化しながら、取り組んでいることの意味や意義を捉え直すことで、モチベーションや行動の質を高めていくというものです。

例としてよく挙げられるのが、3人のレンガ職人の話です。

旅人がある街で、レンガを積んでいる職人に「何をしているのか」と話しかけます。

1人目の職人は、「見ての通り、レンガを積んでいるのさ。毎日、この繰り返しでうんざりだよ」といやいや仕事をしています。

2人目の職人は、「教会のレンガを積んでいるんだよ。きつい仕事だけど、このおかげで家族を養い、子供たちを学校にも通わせることができる。がんばらないとな」と、真面目に仕事に取り組んでいます。

そして3人目の職人は、「後世に残る大きな教会の壁を作っているんだ。この教会が、街の中心となって多くの人の救いや癒しになると思うと、素晴らしいと思わないか」と、目をキラキラ輝かせながら楽しそうに仕事をしています。

「レンガを積む」という同じ行動でも、その目的や意義を捉え直すことで、仕事へのモチベーションも大きく変化するというたとえ話です。

おそらく、いやいや仕事をしている1人目の職人の仕上がりよりも、仕事の大切さを理解している2人目の職人の方がより丁寧な仕事ぶりで、さらに生き生きと働く3

はしごを登るように視点を引き上げる

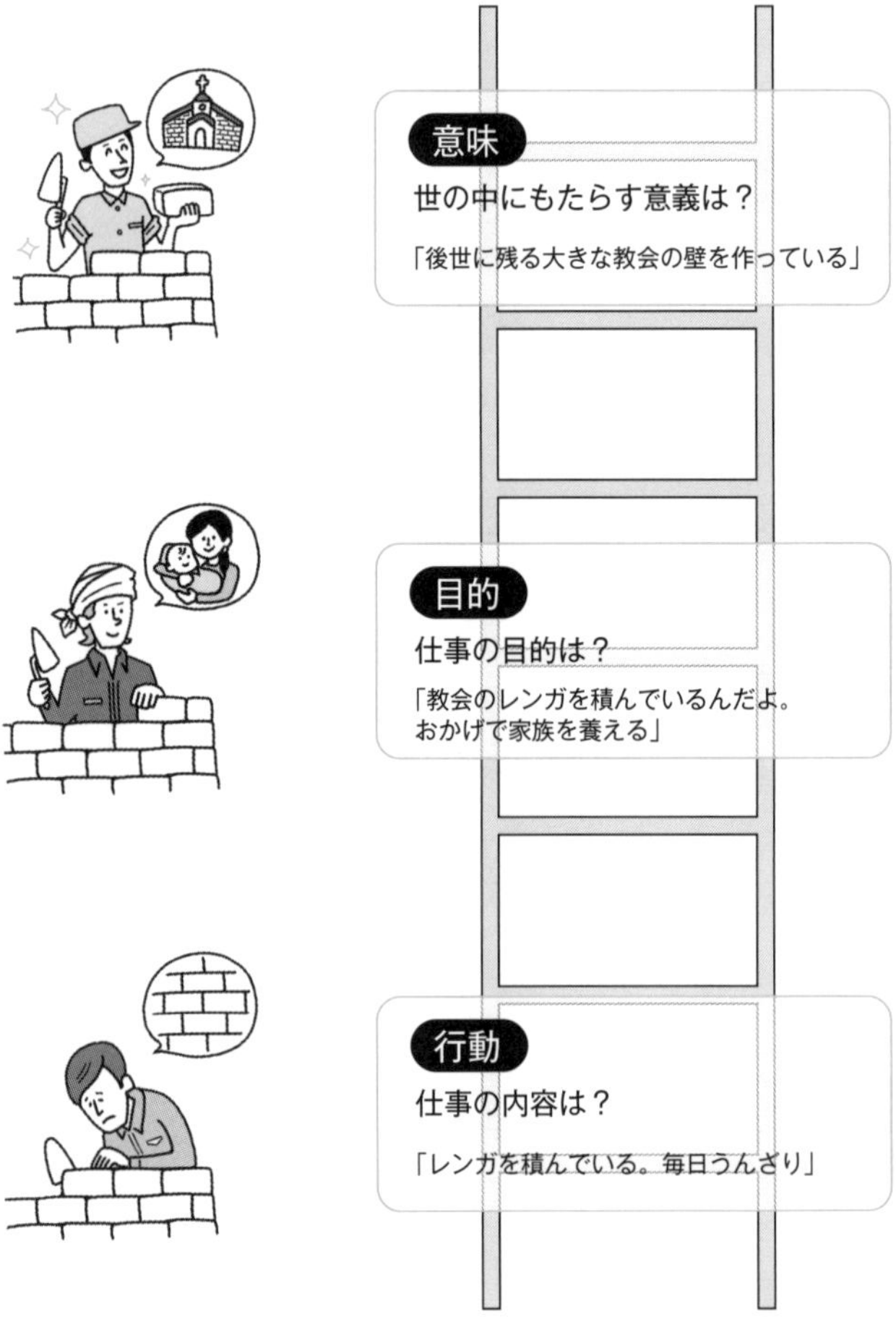
意味
世の中にもたらす意義は？
「後世に残る大きな教会の壁を作っている」
目的
仕事の目的は？
「教会のレンガを積んでいるんだよ。
おかげで家族を養える」
行動
仕事の内容は？
「レンガを積んでいる。毎日うんざり」

人目の職人はどうやったらもっと良いレンガの積み方ができるか創意工夫し、より美しく、素晴らしい仕上がりの仕事をしていることは想像に難くありません。

もちろん、リーダーとして目指したいのは、この3人目のレンガ職人のように、メンバーに成長してもらうことです。

最初の職人は、視点の抽象度を表すはしごの一番下。とりあえず「レンガを積む」という「行動」のみを捉えています。

次に2人目の職人は「教会を建てる。家族のためにがんばる」という「目的」を明確にしています。

そして3人目の職人は、「後世に残る偉大な仕事で、多くの人の癒しとなる」という「意味」を見出しています。

評価面談で重要なのは、リーダーがより上位の目的や意味をしっかり伝えることです。それによって、メンバーの仕事に対する捉え方を変え、モチベーションを高められるのです。

要素2「達成可能性」――やれそう！を高める「マイルストーン効果」

仕事の意義や魅力を実感できたとしても、それが自分にはとても実現できそうもないと思うと、人はなかなかやる気にはなれません。また、せっかくやる気になっていても、途中でつまずいて結局達成できないということもありえます。

そこで、大きな目標でも着実に達成していくために、プロセスを明確にして、途中に実現可能性が高い小さな目標を設定します。

最初はとてもたどり着けないと思ったような遠い場所でも、マイルストーン（1マイルごとに置かれている石）をたどっていくことで到達できるのと同じです。実現可能性が高い目標を積み重ね、「できそうだ」という実感を持ってもらうことが大切です。

たとえば、営業企画に配属された新入社員のケースで考えましょう。

まずは、「企画から提案まで一人前にできるようになる！」を目標に仕事をスタートしたとします。

しかし、もちろん最初からうまくいくわけはなく、先輩たちからダメ出しされる日々を送ったり、企画書を書くことすらできなかったり、さまざまな挫折体験をすることになります。そうするうちに、「自分には無理なんじゃないか」「いつ一人前になれるのか先が見えない」と、モチベーションが下がることもあります。

そこで、一人前になるまでのプロセスを検討し、ステップ1に「競合のオープン情報をまとめる」、ステップ2に「3C分析を行い、自社の強みを明確にする」など、途中に小さな目標（マイルストーン）を立てていきます。

それぞれを達成していくことで、最終的な目標であった「企画から提案まで一人前にできる」という姿を実現するというわけです。

小学生の夏休みの宿題も、親が「計画的にやりなさいよ」と言っても、「そんなのわかってるよ」と返されるだけです。「この週末までにここまでできていないと最終的に終わらないよね」というのが認識できないと、人の行動は変わりません。

人は考えてばかりいると、どうしても手や足が止まってしまいます。でも、「これをやればいい」というのがわかれば、自分のゴールの解像度が上がり、わりと動きやすくなるものです。

小さな目標をクリアしていくことで、それが成功体験となり、モチベーションも維持し続けることができるわけです。

要素3「危機感」――やらなきゃ！を高める「コミットメント効果」

「コミットメント」は、「約束」や「契約」のこと。

たとえば、重要な会議の前に、メンバーに対して「絶対に遅刻は厳禁だぞ」と言った手前、自分が遅刻するわけにはいかない。そのように自分の行動を一貫したものとしようという心理的な圧力を自ら課すことになるのが、「コミットメント効果」です。

また、コミットするためには、一方的に押しつけられた条件や課題ではなく、「自ら納得して」約束することが大切です。それによって、「絶対にやり抜かないといけない」という危機感とモチベーションの維持が可能になるのです。

評価面談で伝える内容次第で、相手のモチベーションが下がってしまう可能性も大いにあります。そんなときに意識したいのが、次の目標に向かっていくためのモチベーションの3要素です。

（5-4）★★★

面談の心構え③「問題抽出」より「課題設定」

目指す姿とのギャップをどう埋めるか

問題点を指摘するだけで終わってはいけない

評価をフィードバックする際や評価結果の認識をすり合わせる際、本人の問題点を指摘するだけで終えてはもったいないです。「査定するための評価」ではなく、「成長を促すための評価」であるなら、目指す姿に向けて何に取り組むべきか、つまり次なる課題を明確にしてあげる必要があります。

まず、「問題」と「課題」を切り分ける必要があります。この2つが混同されてい

「問題」と「課題」の違い

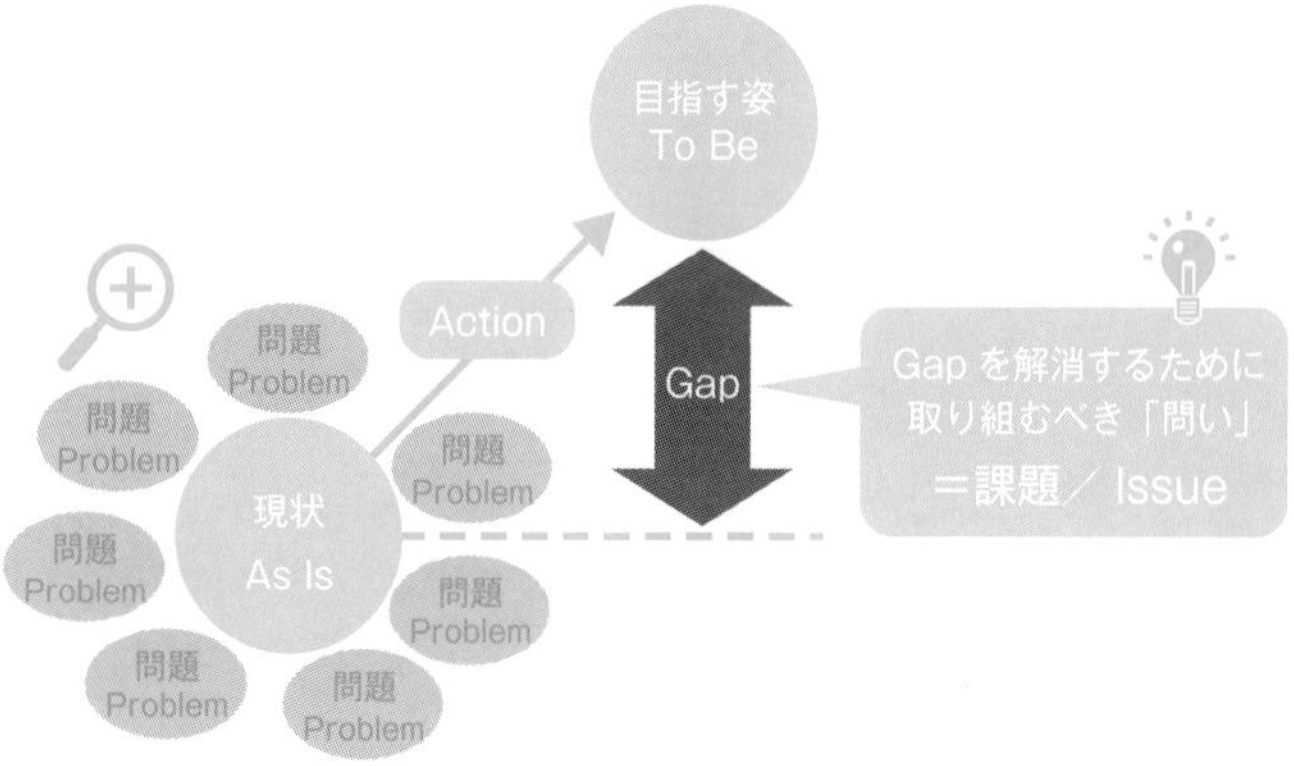

るケースが意外と多いのです。

上司が「課題」として伝えているつもりでも、実は「問題」を指摘しているだけ、というシーンもよく目にします。

問題をどれだけ掘り下げても、それだけでは成長課題は出てきません。目指す姿とのギャップを埋めるために必要なことは何なのか。それが「課題」であり、上司と部下で対話すべきことです。

これは「解決志向（ソリューションフォーカス）アプローチ」とも呼ばれ、起こっている「問題」ではなく、「解決」に焦点を当てるというものです。

問題にばかり焦点を当てていると、結局、解決に至らないということが少なくありません。「誰がその問題を引き起こしているのか」という犯人探しになり職場がギクシャクしたり、「景気が悪いから」など外的要因のせいにして堂々巡りになるなど、不毛な議論が起こりやすいからです。過去に原因がある「変えられない事実の問題」に焦点を当てるのではなく、変えられる未来に目を向けていこうというのが、「解決志向アプローチ」です。

Whyを5回繰り返すのは危険

もちろん、課題を浮かび上がらせるために、現状の問題を客観視するのは必要なことです。ただ、現状を掘り下げる際、よく提唱されている「Whyを5回繰り返す」というのは実は危険だとも言えます。

たとえば、設備の不具合の原因究明をするといった場合なら有効かもしれませんが、人間に対してWhyを繰り返すのは、人格否定のように受け取られる可能性が大きく、心理的ダメージも与えやすいです。

ミネソタ大学のアンドリュー・G・マイナーらが2005年に発表した実験結果

によると、「仕事で起きたネガティブな出来事が人の感情に与える影響は、ポジティブな出来事が与える影響より約5倍強い」そうです。[5]

つまり、悪口やマイナスな評価などネガティブなことを1つ受けるとポジティブなコメントの5倍くらいダメージを受けてしまう。つまり、ポジティブな情報を5つくらい受けないと帳消しにならないというのです。

「できない自分」と向き合うことが大好きという人は基本的にはいないはずです。「できないこと」というネガティブな事象と向き合うためには、その5倍くらいのポジティブな要素があると望ましいということです。

できなかったことだけではなく、できたこと、成長したこと、前進したことなどをたくさん確認することで、課題に向き合うエネルギーを導き出せます。

評価面談のときだけではなく、普段からこの比率を意識しておくと便利です。

Whyと問うと、「なぜあなたは〇〇をしたのですか?」という「主体否定的」な質問や、「なぜあなたは〇〇をしたのですか?」という「過去追及的」な質問になりがちです。

むしろ望ましいのは、「何が成功を妨げましたか（What）?」という「原因特定的」

Whyという質問のリスク

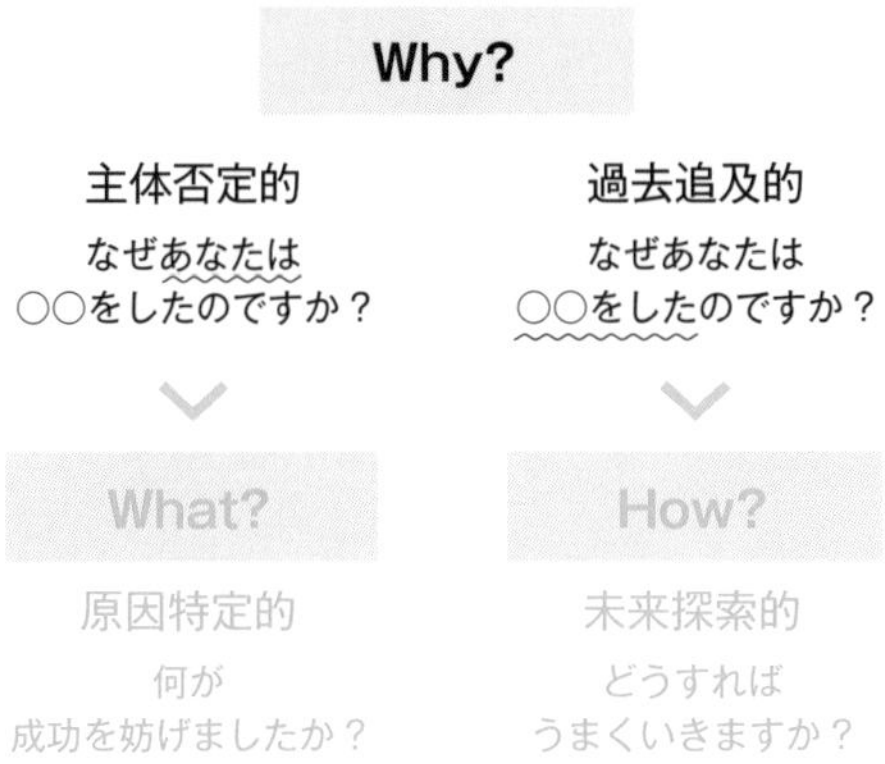
Why?
主体否定的
なぜあなたは
○○をしたのですか？
過去追及的
なぜあなたは
○○をしたのですか？
What?
原因特定的
何が
成功を妨げましたか？
How?
未来探索的
どうすれば
うまくいきますか？

な質問や、「どうすればうまくいきますか（How）？」という「未来探索的」な質問です。

　このように、Whyだけではなく、4W1Hも使うのがコツです。人格と切り離し（脱・主体否定的）、ネガティブな出来事そのものからも切り離し（脱・過去追及的）、成長のための課題を共に探る対話が大事です。

　解決志向アプローチでは、目指す姿（目標）と、それに役立つリソース（時間や能力、助けになる人やネットワークなど）を明確にして「とりあえずできそうなこと」から取り組みモチベーションを上げていきます。課題を認識して、今できる

Whyから4W1Hへ

「Why」単独の問いかけではなく、
互いの意見を伝え、引き出し合う、
「4W1H」を活用した問いかけが有効

行動は何かを一緒に考えましょう。

問題をすべて修正する必要はない

完璧な人は存在しないので、問題点は探せばいくらでも見つけられます。ただ、ビジネスフィールドで活躍するためには、その問題点をすべて修正する必要はありません。

何より重要な観点は、「時間というリソースは有限だ」ということです。だからこそ、「何を目指すのか」「何を得たいのか」「どう成長したいのか」を具体的に設定することが重要です。

サッカー選手にたとえると、フォワードを目指すのか、ゴールキーパーを目指すのかで必要な要素は変化します。ゴールキーパーを目指す人でヘディングが苦手という問題があったとしても、それを課題として設定するでしょうか？　ゴールキーパーとして活躍するためには優先順位が低いので、別のテーマを課題として設定するはずです。

問題と課題は切り分けるべき、と部下とも共通認識を築いておきましょう。

繰り返しになりますが、課題を設定するためには部下の未来を考え、何を目指した方が良いかを考えることがベースになります。上司が思いを込めて部下の目指す姿、なってほしい姿、こうなれると期待しているという姿を徹底的に考え抜き、伝え、お互いに意見をぶつけ合う。そのプロセスにより、部下は何の課題に取り組むべきか納得し、前向きに取り組みやすくなります。

5 Miner, A. G., et al, 2005. "Experience sampling mood and its correlates at work" *Journal of Occupational and Organizational Psychology* (2005), 78, 171–193

5-5　★★★

面談の心構え④「伝える」ではなく「伝わる」が重要

人は「変われ！」と言われても変わらない

「態度変容」の3ステップ

評価を伝える際に注意したいのは、ただ「伝える」だけでなく、本人にしっかり「伝わる」のを意識することです。これは、相手の態度を変容させたいときには特に重要です。

人は「変われ！」と言われてもなかなか変わらないものです。言うだけで変われるなら誰も苦労しません。多くの場合、Change! と伝えてはいるが、心に届いていない。

態度変容の3つのステップ

態度 A　　　　態度 B

Step 1 Unfreeze（解凍）	Step 2 Change（変化）	Step 3 Refreeze（再凍結）
自分の固定観念に揺らぎを与え、あらゆるものをフラットに捉えようとする	目指したい姿や成長したい要素を明確にして具体的な行動に移す	新しくやるべきことを習慣化させ、成長の再現性を高めて定着させる
● 前提や当たり前を疑う ● これまでの過去慣性を見直す ● もっと良いやり方がないか探す	● 向かうべき方向性を明確にする ● 変化に向けた共感・納得感・安心感を醸成する ● 具体的なアクションを速やかに実行する	● 無意識的に実行できる習慣に落とし込む ● 周囲に宣言して、関心を高める ● 新しい共通言語をつくる
時間のマジック 過去や未来など参照する時間軸を変えて自分の前提を揺るがす	**目標のマジック** 成長を実現するための具体的な行動や目標を決める	**習慣のマジック** 日常的な習慣にすることで成長につながる行動の頻度を上げる
空間のマジック 顧客・競合・社会など通常と違う前提を活用してロールプレイする	**安心のマジック** 失敗したらどうしようという不安を払拭する	**集団のマジック** 関心や受容や賞賛などの周囲の力をポジティブに利用する

本当の意味で伝わっていないのです。

そこで、Change!と言う前に、「Unfreeze（解凍）」することが大事です。氷の形を変えたい場合、いきなり変えようとすると割れてしまいます。もしくはびくともしない。そこで必要なのは、まず一度溶かすことです。そのうえで、新たな型に流し込み（Change）、再度凍らせて固めます（Refreeze）。

人間の心も同じです。北風と太陽の寓話では、北風がいくら強く吹いても旅人の上着を脱がすことができません。それと同様に、Change!と連発したところで人は変わるものではなく、むしろ太陽の光で温めるようにUnfreezeさせて、自ら上着を脱ぎたいという感情に導く方が効果的なのです。

Unfreeze、Change、Refreezeの3つのステップは「態度変容」と呼ばれ、社会心理学の父と呼ばれるクルト・レヴィンが提唱しました。それぞれのステップを詳しく見ていきましょう。

時間と空間の切り口でUnfreezeする

ステップ1のUnfreeze（解凍）は、これまでに培ったり経験してきたことで得てきた固定観念や好ましくない思い込み、慣性などに揺らぎを与え、変革に向けたエネルギーを発生させる段階です。

たとえば、「この業務は、これまでこうやって進めてきたのだから、今さら変更しなくてもいいいんじゃないか」「このやり方で、それなりに成績は残してきたんだから、まあいいいんじゃないか」「私だけがんばったって、周囲のメンバーが何もしなければ、私だけ損するんじゃないか」など、変化や成長を阻む考え方や態度があったりします。

それに対し、「本当にそのままでいいのか」「その結果としての現状がどうなっているのか」「客観的視野に立つと、我々チームが果たすべき役割はどうあるのか」など、さまざまな問いかけや現状把握などによって「揺らぎ」を発生させるのです。

その際、「時間」と「空間」という2つの切り口をうまく使うと、変革が実現する確率を高めることができます。それぞれ「時間のマジック」「空間のマジック」と言い表します。

「時間のマジック」は、時間軸を切り替えること。「現状」の自分に対し、過去や未来の経過やそこから発する状態などに目を向けることです。「今のままでいい」とかたくなになっている姿に、本当にそのままでいいのか、今まではどうだったのか、未来はどうなるのか。そのような時間軸でのものさしで考えてみることです。

「空間のマジック」は、空間の視野を広げることで、現状の自分のあり方に「揺らぎ」を生み出すものです。狭い部署内や限られた顧客との関係だけでなく、競合他社や世の中の動きなど、ものの見方の「空間」を広げるということです。

それらによって、凝り固まったものを「解凍」するように現状に対する「揺らぎ」が発生し、「変えていこう」というエネルギーにつながっていくのです。

納得や安心によってChangeする

次のステップ2は、Change（変化）の段階です。

ステップ1で発生したエネルギーを、目標の明確化や環境の整備などによって、さらに大きく、最大化させていく段階です。全体の目標と個人の目標がどうつながっているのか、何を目指しているのかを確認すると同時に、挑戦への「安心感」を醸成していくことも大切です。

そのため、ここで必要となるのは、「目標のマジック」と「安心のマジック」の2つです。

「目標のマジック」では、まさに変化していく方向性を明確にし、さらにその魅力をしっかり共有します。

「安心のマジック」は、変化に伴う不安や「失敗したらどうしよう」という不安などをしっかり受け止め、安心して挑戦できる後押しをすることです。特に、評価フィードバックの際は、このような視点が欠落すると、せっかく変化しようと踏み出していたメンバーが「結局、やらない方がいいじゃないか」と思ってしまうなど、負の力が働く結果になりかねません。

変容した行動や思考を習慣化してRefreezeする

そしてステップ3では、Refreeze（再凍結）します。

これは、いわゆる変容した行動や思考を習慣化し、確固たるものとして定着させていくことです。メンバー同士や組織内での成功事例の共有や、イントラネットなどを活用した日々の仕事のなかでの具体的な行動の促進などによって定着させていきます。

ここでの働きかけは、「習慣のマジック」と「集団のマジック」の2つです。

「習慣のマジック」は、日報や月報など、行動レベルでのモニタリングなどを通じて、習慣化を促します。

「集団のマジック」は、「みんなで一緒にがんばろう」というモードをつくること。それによって、一人では辛くなること、継続できないことも「集団の力」「ポジティブな相互作用」を活用して、行動の定着や習慣化を促進していくことです。

変わろうとしているメンバーを孤軍奮闘させてしまわないように、お互いに応援し合う関係を築かせるのがポイントです。

これらのステップを踏むことで、「態度A」が「態度B」という異なるものに変容し、成長につながっていくと考えられます。

5-6 ★★★

面談の心構え⑤ 目に見えない「前提」を問う

「表層深層フレーム」

「前提」を問題にしなければ何も変わらない

評価を伝える際に注意したい最後の点が、「表層」ではなく「深層」の部分に働きかけることです。

上司からの評価と部下の自己評価がずれている、上司と部下で評価基準の捉え方が違う、といったケースはよくあります。

そんな場合、「その基準は間違っている。こう考えなさい」と一方的に言い渡すだけ

表層深層フレーム

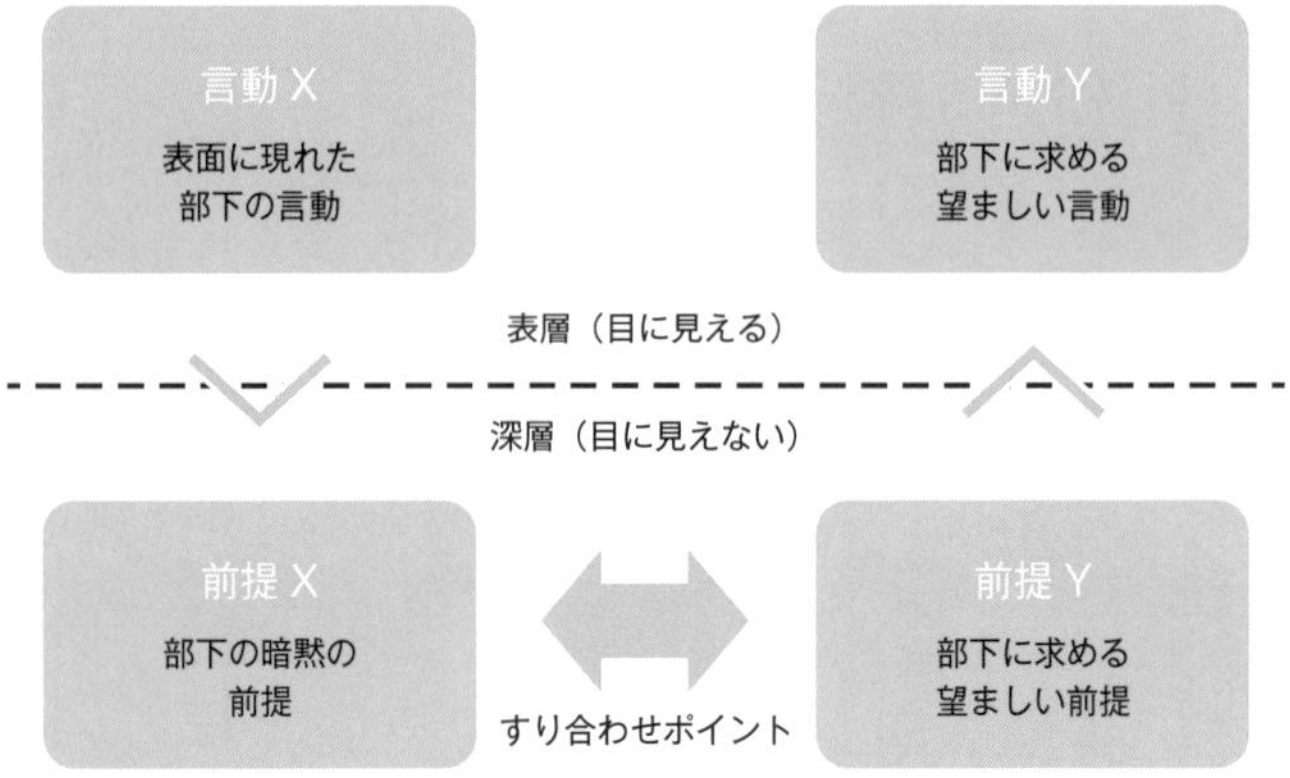

では、たいていその真意は伝わりません。

一時的に「はい。わかりました」という返事が来るかもしれませんが、本当にそれで本人の考えや行動が変わるかというとなかなか難しいものです。

そこで実践していただきたいのが、「表層深層フレーム」というフレームワークです。

部下（X）と上司（Y）それぞれには、図の上段の「表層＝目に見える言動」と、下段の「深層＝目に見えない意識や思いなどの前提」があります。

たとえば、部下が「なぜ関係構築力の評価が△なのか納得できません！」と言ってきたとします（表層「言動X」）。

深層にある「前提」のすり合わせが重要

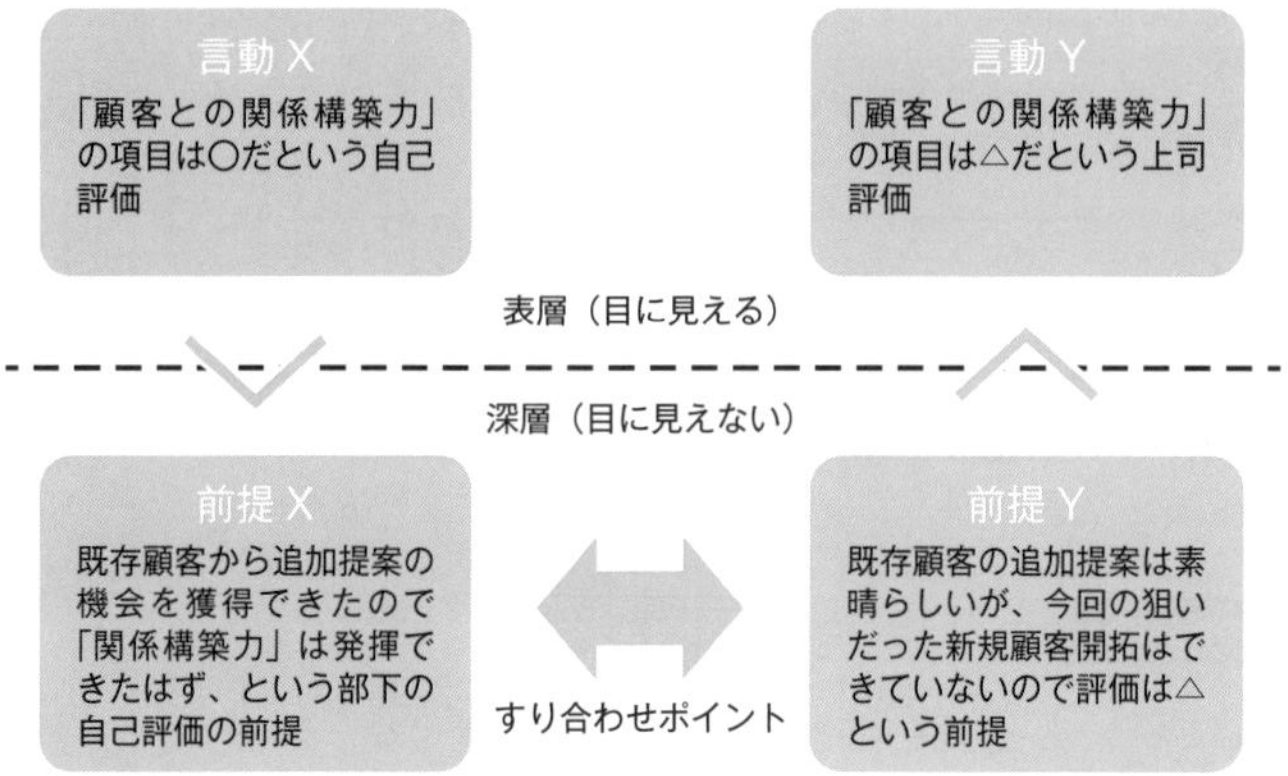
言動X
「顧客との関係構築力」の項目は○だという自己評価
言動Y
「顧客との関係構築力」の項目は△だという上司評価
表層（目に見える）
深層（目に見えない）
前提X
既存顧客から追加提案の機会を獲得できたので「関係構築力」は発揮できたはず、という部下の自己評価の前提
すり合わせポイント
前提Y
既存顧客の追加提案は素晴らしいが、今回の狙いだった新規顧客開拓はできていないので評価は△という前提

その部下は、評価対象期間に既存顧客から追加提案の機会を獲得できていたので、関係構築力は十分発揮したはずだ、という前提を持っていました。そのため、「納得できない」という表層的な言動がありました。

しかし一方、上司は、「関係構築力の今期の評価ポイントはその部下の得意な既存深耕ではなく、新規顧客開拓だと期初の目標設定面談で設定していた。結果オーライとせずに、成長のために当初設定した目標について振り返ってほしい。だから既存顧客の追加提案は素晴らしいが、今回の評価は△にする」という考えでした。

NG対応

評価に納得できません！

いやいや、そもそも結果が出てないからダメだろう

そうですか……（これ以上話しても無駄だろうな）

OK対応

評価に納得できません！

なぜ納得できない？

担当している既存顧客のA社から、これまでとは違う追加提案の機会を獲得できました。なので、私の顧客との「関係構築力」が深まったと言えると思っています

確かに、A社からの追加提案の機会を獲得できたのは良かったよね。それだけ君に期待してくれている証拠だと思う。でも、もともと今期の目標設定面談のとき「関係構築力」については、「既存顧客に深く入り込むのは十分できるようになったから、新規顧客とも深い関係性を築けるようになっていこう」と話していたよね。結果オーライとせずに、もともとの課題についてもきちんと振り返ってほしいんだよね。君のさらなる成長のためにも、あえて△という評価をつけているよ

「私の考えは△だ」「私は○だと思う」という表層を比較しても、納得感は生まれません。大切なのは深層にある背景や考え方をすり合わせすることです。ここがすり合えば、言動の恒常的な変化にもつながります。

上司と部下で評価や基準がずれていると感じるとき、すり合わせるためのポイントは、目に見えた表層の言動を指摘し正そうとするのではなく、その背後にある「目に見えない考え方・暗黙の前提」を言語化させることです。

それを「望ましい考え方」「持ってもらいたい前提」と比べ、違いを理解し、納得してもらうこと。そうすれば、目に見える表層の言動も、すり合わせた前提に基づくものへと変化しやすくなります。

この「表層深層フレーム」を使った具体的な事例は、巻末の付録2に掲載しています。

5-7 ★★★

「面談で何を言うか」より「日常でどう会話しているか」

ルールやテクニックよりも、信頼関係

相手が対話姿勢になっているか

これまで評価面談での「伝え方」について見てきましたが、そもそも「面談で何を言うか」より大切なのが、「日常でどう会話しているか」です。というのも、面談で相手を説得しよう、納得させようと思っても、日頃の信頼関係が構築できていなければ難しいからです。

いくら上司がルールに則って公平な評価をしていたとしても、日頃の関係性から、

ルールの3つの宿命

不透明性	いくらルールをつくり込んでも、不透明な部分は残る
非効率性	ルールを詳しくすればするほど使いづらくなる
硬直性	ルールが定着すると変えづらくなる

相手には「この人の言うことは素直に聞けない」とか「どうせがんばってもそれがちゃんと評価されるとは思えない」と思われてしまうなど、そもそも相手が対話姿勢になっていないケースもあります。

あらゆるルールが抱える「3つの宿命」

しかも、これまで述べた通り、「万人に公平なルールはない」というのが大前提です。

さらに、**あらゆるルールには「3つの宿命」**があると言われます。「不透明性」「非効率性」「硬直性」の3つです。

まず、「不透明性」は、いくら詳細にルールをつくり込んでも、現実に起こりうるすべての事態を網羅することができず、どうしても不透明な部分は残ってしまうということです。あらゆる事態を想定して人事制度を詳細まで規定しても、「じゃあこの場合は？」という疑問はいくらでも出てきます。

次の「非効率性」は、あらゆる事態を想定してルールを詳しくすればするほど複雑になり、使いづらいものになってしまうということです。誰にとっても明快にすることがルールを設定する目的なのに、ルールを守るための手続きが煩雑で非効率になってしまうわけです。

最後の「硬直性」は、ひとたびルールが定着すると、それを守ることが前提となり、環境の変化に対応できなくなるということです。

ルールというものが宿命的に持つ欠陥が、評価面談を進めるうえでの難しさの所以です。それを乗り越えるには何が必要になるのか。それは、上司と部下のあいだの「信頼インフラ」に尽きます。

人事評価制度というルールの欠陥やあいまいな部分を補うのが、「この上司なら大丈夫」「この部下なら大丈夫」という信頼関係です。信頼関係が築けていないのに、

信頼インフラが、制度やルールを支える

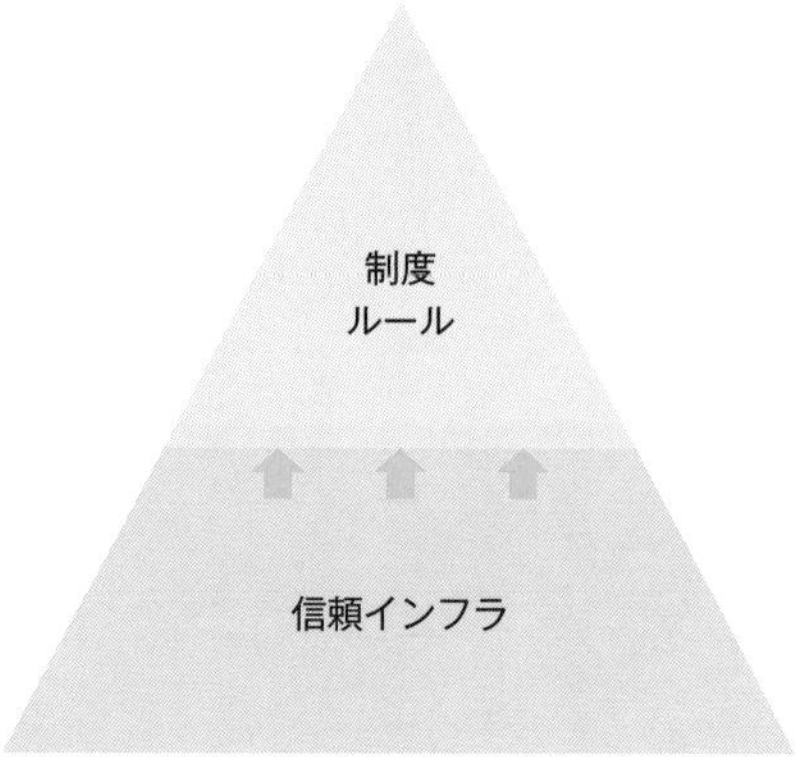

無理にルールを適用しようとしても相手は本心では納得していません。

「この人だったら、私のことをしっかり見て、最善の評価をしてくれているに違いない」「厳しい評価も、それは私への期待の裏返し」「自分の都合ではなく、あくまでも私の成長を意識した評価や目標設定をしてくれている」など、信頼関係があるからこそ、前向きな受け止め方ができるのです。

日頃の信頼関係を培う方法

「日頃の信頼関係が重要ですよ」と言われても、「なんだ、そんな当たり前なことか」と思われるでしょうが、これが意外に難しいのです。では、どうやって信頼インフラを築けば良いのでしょうか。

簡単に言うと、日常会話の積み重ねを通じて相互理解を深めておくことです。これをわかりやすく説明するために、「ジョハリの窓」というフレームワークをご紹介します。

「ジョハリ」という言葉は、これを発案した2人の心理学者、ジョセフ・ルフトとハリー・インガムの名前からとっています。

このフレームワークでは、4つの窓が設定されています。上司も部下も知っていることを「開放の窓」、上司しか知らないことを「盲点の窓」、部下しか知らないことを「隠された窓」、双方が知らないことを「未知の窓」と呼んでいます。

このうち「開放の窓」を広げることが、信頼の構築につながります。つまり、上司だけが知っている「盲点の窓」と部下だけが知っている「隠された窓」をつぶしていくわけです。

その際に重要なのが、コミュニケーションの「量と質」の観点です。

量とはつまり頻度です。「いつも自分のことを見てくれている」と部下に認識して

「ジョハリの窓」の「開放の窓」を広げる

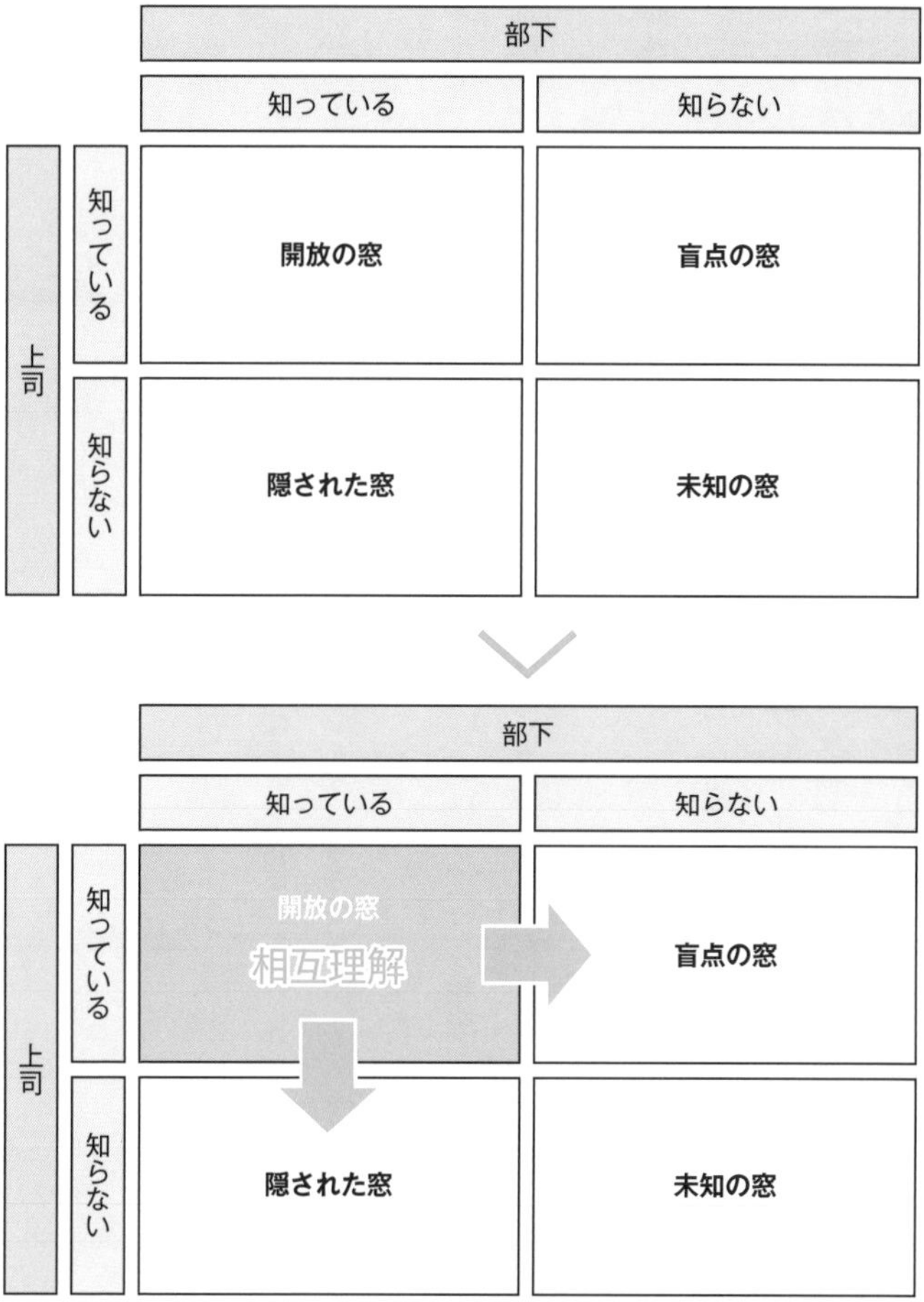

もらえるようにコミュニケーションをとることです。

質とはつまり、変化に気づいてあげることです。特に部下に成長の兆しが見えたときは見逃さずに、しっかり認識してコミュニケーションをとることが大切です。

部下が量を重視するタイプなのか質を重視するタイプなのか、そして上司自身はどちらが得意なのか、といったそれぞれの個性を踏まえて取り組むのがポイントです。

部下だけが知っている「隠された窓」にアプローチする際は、「わかってくれている感」を高めておくことが重要です。

というのも、「自分のことわかってないでしょ」と思うような相手から何かアドバイスされても、なかなか真剣に受け止めないからです。せいぜい「そういう考え方もあるのね」と受け流される程度でしょう。

普段から本人の言動をよく見ているだけでなく、何か気づいたらすぐに一言でも反応しておくことで、「見てくれている」と感じてもらえます。

一方、上司だけが知っている「盲点の窓」にアプローチする際は、「教えてくれる感」を高めておくことが重要です。

「こういう考え方をするといいよ」「相手にはあなたの意図とは違う伝わり方をして

いるかもよ」など、記憶が鮮明なうちに、こまめにコミュニケーションを積み重ねておきます。本人がそのとき自覚できなかったことを、時間が経ってから伝えても覚えていないし、効果が薄いからです。

この「隠された窓」と「盲点の窓」へのアプローチを、日常からほんの少しずつでも積み重ねておくことで、相互理解、共通認識の土台が大きく変わってきます。

第5章のまとめ

★「face to face」より「side by side」で、一緒に成長を目指そう。
★「ロジック」で相手を説得することより、「モチベーション」を維持することを意識しよう。
★問題に目を向けるより、課題を解決することに目を向けよう。
★相手の態度が変わる3つのステップを知っておこう。
★「表層深層フレーム」で隠れた前提を明らかにしよう。
★普段の日常会話で築く関係性を大切にしよう。

COLUMN

心理的安全性が注目される理由

近年のマネジメント論における注目ワードとして、「心理的安全性」が挙げられます。これは1960年代に初めて提唱され、90年代以降にハーバード大学のエイミー・C・エドモンドソン教授がさまざまな関連研究を発表し、グーグルが社内研究で「最高のチームは心理的安全性が高い」と示したことで2016年以降に認知度が一気に高まりました。

本章で述べたように、「指示管理型」ではなく「対話共創型」のマネジメントが求められている今だからこそ、自分が思ったことを臆せず言い合える心理的安全性は、その実現に必要な要素として大いに注目を集めていると言えます。

「人は感情の生き物」という観点は、人事評価において常に忘れてはいけないものです。臆せず意見を言い合う状態の先にある「挑戦」を促すためには、「挑戦しても大丈夫」という「安心」感を得られるようにすることが不可欠です。安心材料がたくさんあるからチャレンジしようと思える。チャレンジしろと言うなら、それと同じくらいの安心や承認などが必要です。チャレンジしやすい組織には、「挑戦しても大丈夫」という風土の前提となる「心理的安全性」が不可欠なのです。

マズローの欲求階層論で言うと、人とつながっている安心感で社会的欲求が満たされ、周囲から認められているという「承認」欲求が満たされると、さらに高次の「自己実現」に向かう。新しいチャレンジをしよう、という意欲につながるのです。

挑戦を促す風土は、評価の仕組みを変えるだけでは高められません。ピリピリと殺伐とした雰囲気のなかでチャレンジしようという人は出てきません。

評価制度としては挑戦やチャレンジを奨励していても、日頃の職場で、ちょっとしたミスも許されないような環境だったらどうでしょう？　また、口では「チャレンジ」と言っているのに、目新しい企画は採用されず、従来のやり方が良しとされていたら？

「言っていることと、やっていることが違う」という職場では、メンバーは何を信用したらいいのかわからず疑心暗鬼になっていきます。

そのような日常的な関係性において、「ここでなら、何を言っても大丈夫」「失敗しても、挑戦しないよりはマシ」ということが実感できるコミュニケーションを実現していくことが大切です。

そのような雰囲気づくりが上手な会社に共通するのが、社内でたくさん語り継がれる、ある種の「神話」の存在です。

たとえば、社内のレジェンドとも言える人が新人時代にやらかした大失敗が、面白おかしく語り継がれている。新規事業で会社に大損失を与えたにもかかわらず、再起していまや関連会社の社長として活躍している人がいる。掟破りとも思えるような手段で、絶対無理と言われていた取引を成功に導いたエピソード。そういったさまざまな話題に事欠かず、しかもそれでしっかり評価されているロールモデルの存在があるということが、単に口先で「うちは大丈夫だから。安全だから」と言われるよりもはるかに説得力があります。

心理的安全性は、決して「楽でぬくぬくした環境」を指すわけではありません。チームの目的を実現させるために必要な手段の1つです。組織として目指したい目標は、高い基準で設定することが多い。その目的や目標を実現するために、時に言いにくいことも指摘し合い、学びの速度や深さを促進させるための素地が、心理的安全性なのです。

良い組織をつくりたいとか、その人を成長させたいと思うと、壁にぶつかりそれを乗り越えるという経験ももちろん大事です。しかし、そのような経験を支えるのは、ポジティブがたくさんある組織や関係です。だから、失敗してもなんとかがんばることができるのです。

本章で、ネガティブな出来事が1つ起きたら、5つのポジティブな出来事が起きないと帳消しにならないと紹介しました。10の失敗をしても大丈夫な組織にしたかったら、50くらいポジティブなことで満たしていないと、どこかで折れてしまいかねません。

そうなると、上司と部下という1対1のコミュニケーションだけでは足りません。職場全体で、その人のがんばりが評価されるとか、承認されるとか、行動していることと自体が認めてもらえるといった状況になっていくと、おのずとポジティブが増え、失敗を恐れずにチャレンジに向かう人が増えるでしょう。

付録

1

目標の要素分解

[事例集]

「分ける」ことで「分かる」

論理的思考力・リーダーシップ・やり抜く力……

「それって何？　何ができたら高評価？」

がスッキリすれば、部下はおのずと走り出します。

第2章で、目標をうまく設定するためには、要素に分解することが効果的だと説明しました。そのなかでもここでは、特に難度が高いとお伝えした「能力評価」においてよく使われる項目をいくつかピックアップしながら、目標の要素分解の具体的な事例を紹介します。

能力評価項目といっても、人の能力を指す言葉や概念は本当にさまざまなものがあります。できる限り網羅的に、よくあるものをご紹介したいので、能力評価項目の全体を「対課題」「対人」「対自分」の3つのスキルに分類し、さらに分類、分類して、計10の項目を取り上げました。皆さんの会社で求めている能力評価項目がピッタリ同じワードではなかったとしても、ある程度参考にしていただけるラインナップだと思います。

そして、各項目の解説ページではその項目を「対象＝それって何？」と「基準＝どう見る？」という2つの視点からさらに分解しています。

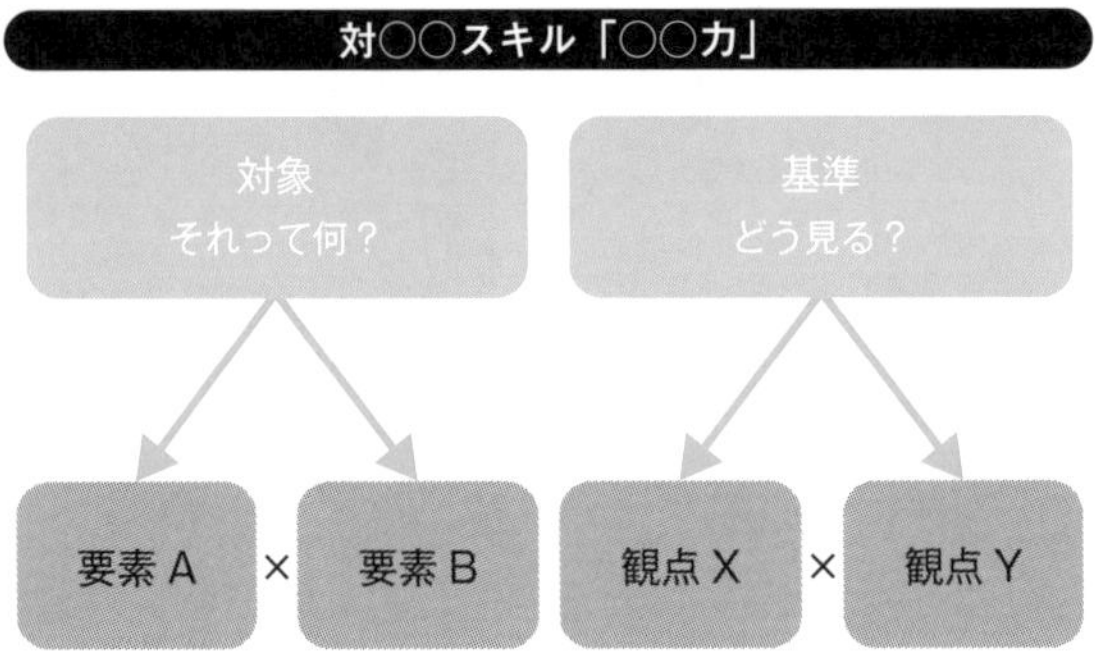

難度が高い「能力評価」：よくある項目の要素分解

対課題スキル

成果創出に向けて、業務を前に進めるためのスキル

- 「考える」系
  - ①論理的思考力
  - ②発想力・企画力
- 「実行する」系
  - ③推進力
  - ④課題解決力

対人スキル

成果創出に向けて、他者と協働するためのスキル

- 「つながる」系
  - ①コミュニケーション力
  - ②関係構築力
- 「まとめる」系
  - ③巻き込み力
  - ④リーダーシップ

対自分スキル

成果創出に向けて、自分をコントロールするスキル

- 「自ら決める」系
  - ①判断力・自律・決断力
- 「立ち向かう」系
  - ②挑戦・やり抜く力

対課題スキル ① 「論理的思考力」

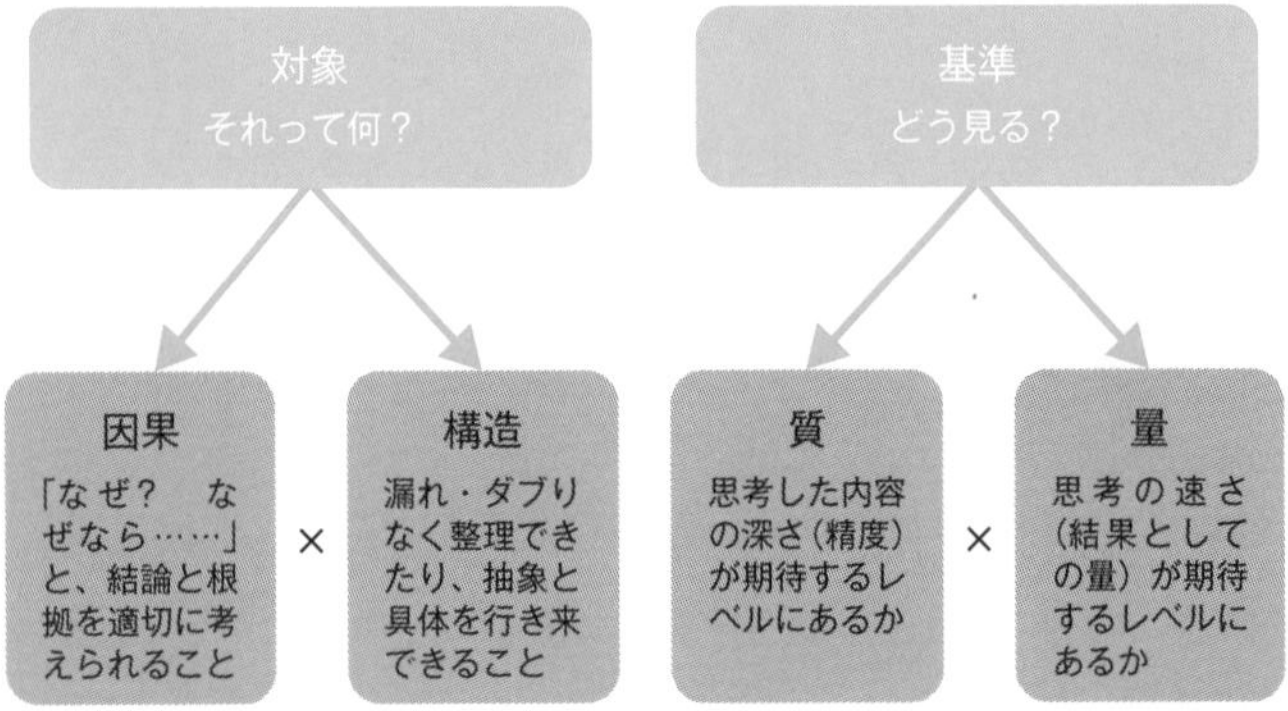
対象
それって何？
基準
どう見る？
因果
「なぜ？　なぜなら……」と、結論と根拠を適切に考えられること
×
構造
漏れ・ダブりなく整理できたり、抽象と具体を行き来できること
質
思考した内容の深さ（精度）が期待するレベルにあるか
×
量
思考の速さ（結果としての量）が期待するレベルにあるか

対象

「考える」力のなかでも最もベーシックなものが、論理的思考力です。ロジカルシンキングとも言われます。

「因果」は順序立てて考える力。時間軸的思考とも言えます。

原因と結果、結論と理由などの関係を的確に考えられ、「それはなぜ？」「なぜなら……」と筋道立てて考えたり、順序立てて説明したりできる力です。

「構造」は、対比するなら空間軸です。

考えるべきことを網羅的に、漏れなくダブりなく分けて整理したり、具体的なものごとを複数集めて括って、抽象化（階層構造化）することができる力です。

一般的に、「因果」よりも「構造」の方が難度は高いです。「構造」要素を指して、「抽象化思考」「構造化思考」「概念化思考」と言う場合もあります。

因果と構造の関係

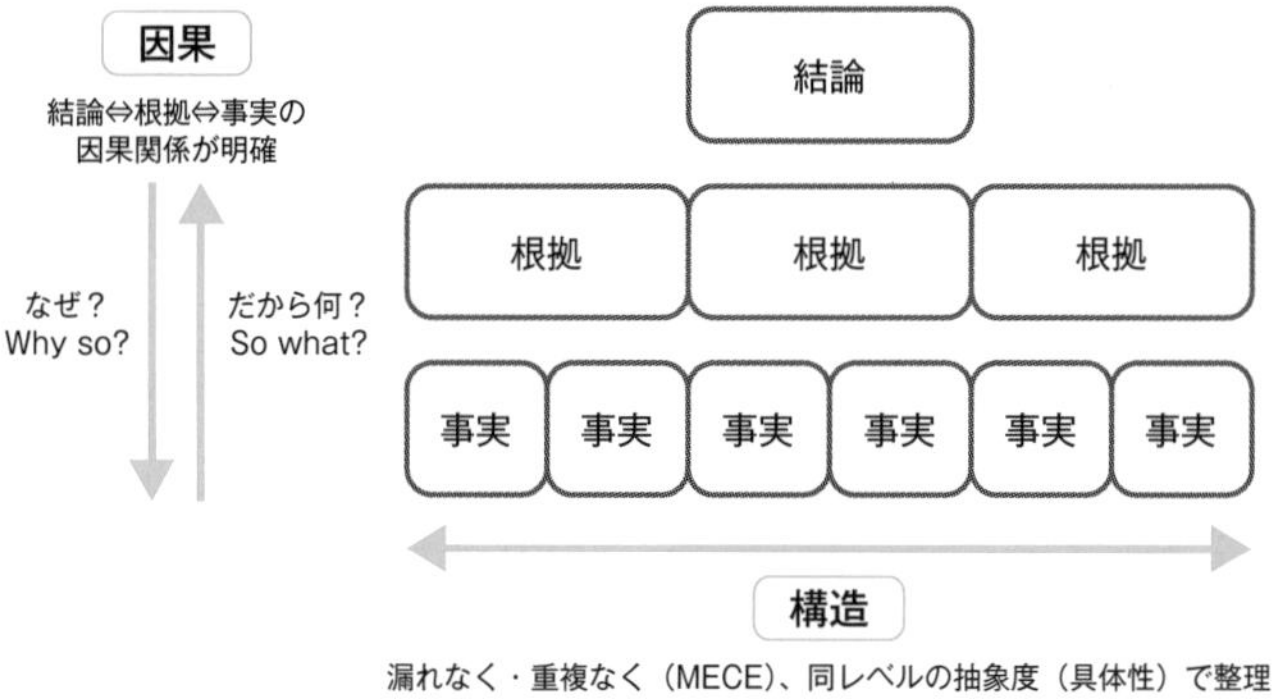

基準（方法）

基準の「質」においては、「思考した内容（アウトプット）の『深さ』が求めるレベルに達しているか？」という基準。次に「量」では、「同じ時間内にどれだけ考えられるか？」という意味では思考の「速さ」と置き換えることができます。

生産性をもっと高めさせたい部下であれば、量＝速さを基準に設定するのが良いでしょうし、考えが浅い、アウトプットのクオリティを上げてほしいと思う部下であれば、質重視で基準を設定するのが効果的です。

具体的なアクション（方法）に分解する際は、質重視なら「提案前にWhyを3回繰り返して準備する（因果強化)」や「提案根拠を伝える資料は、必ずMECEなフレームワークを用いる（構造強化)」など。量＝速さ重視なら、「ロジックツリーは5分以内でつくる」「想定していなかった質問を受けても5秒で考える」など。上司と部下が日常的に関わるシーンに応じて、見てわかる行動に落とし込むのが効果的です。

対課題スキル ② 発想力・企画力

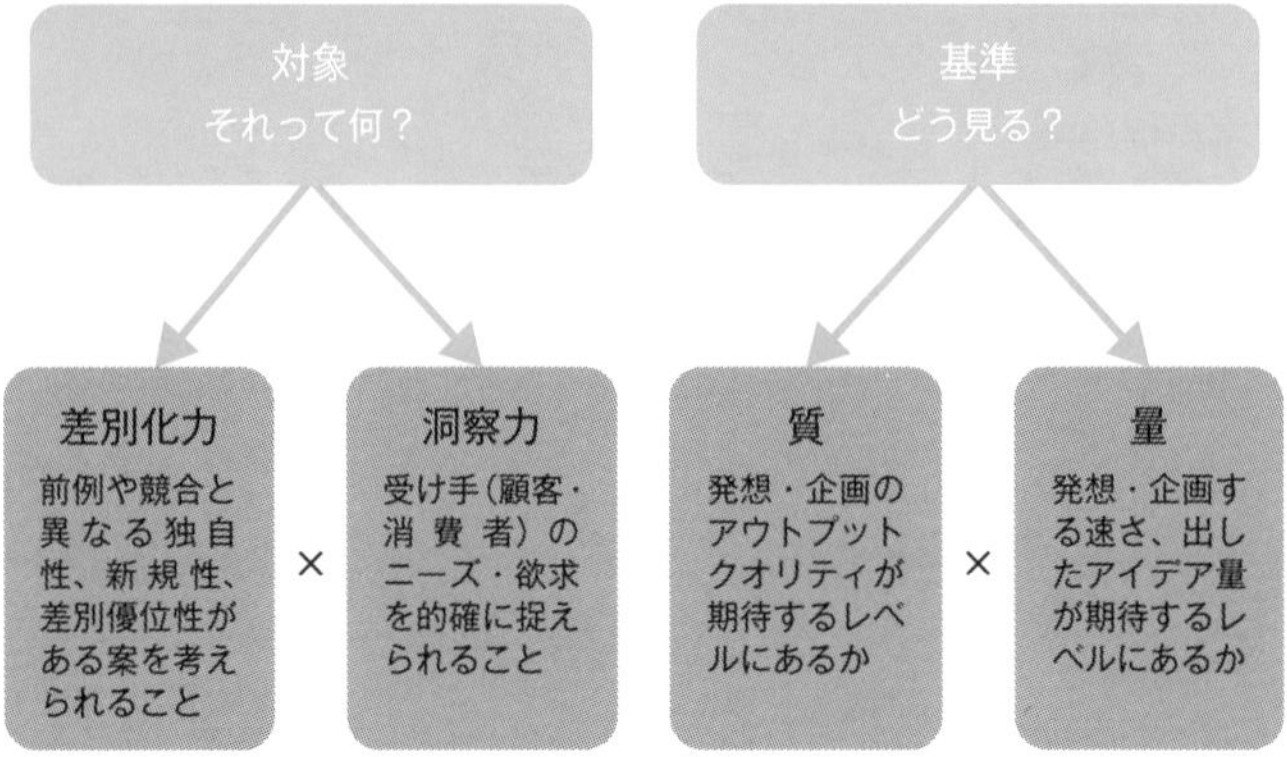

対象
それって何？
基準
どう見る？
差別化力
前例や競合と異なる独自性、新規性、差別優位性がある案を考えられること
×
洞察力
受け手（顧客・消費者）のニーズ・欲求を的確に捉えられること
質
発想・企画のアウトプットクオリティが期待するレベルにあるか
×
量
発想・企画する速さ、出したアイデア量が期待するレベルにあるか

対象

論理的思考力（左脳型）とは対比的な右脳型スキルとしてよく見られるのが、発想力や企画力などです。

「発想」と「企画」は厳密には違う行為を指しますが、筋道立てて左脳的に考えるだけではない「新たなアイデアを生む能力」として、ここでは括ります。

「洞察力」は、「顧客（Customer）」、「競合（Competitor）」、「自社（Company）」の3C フレームで言うなら、「顧客（Customer）のニーズをどれだけ深く捉えられるか？」ということ。

顕在化したニーズだけでなく、潜在的なニーズを捉えるのはより高度な力になります。

「差別化力」は独自性、新規性、差別優位性あるアイデアを出せること。3C フレームで言うなら、「競合（Competitor）との違いを出せるか？」ということです。競合は「前例」「通例」と置き換えても構いません。

3Cフレームと「差別化力」「洞察力」

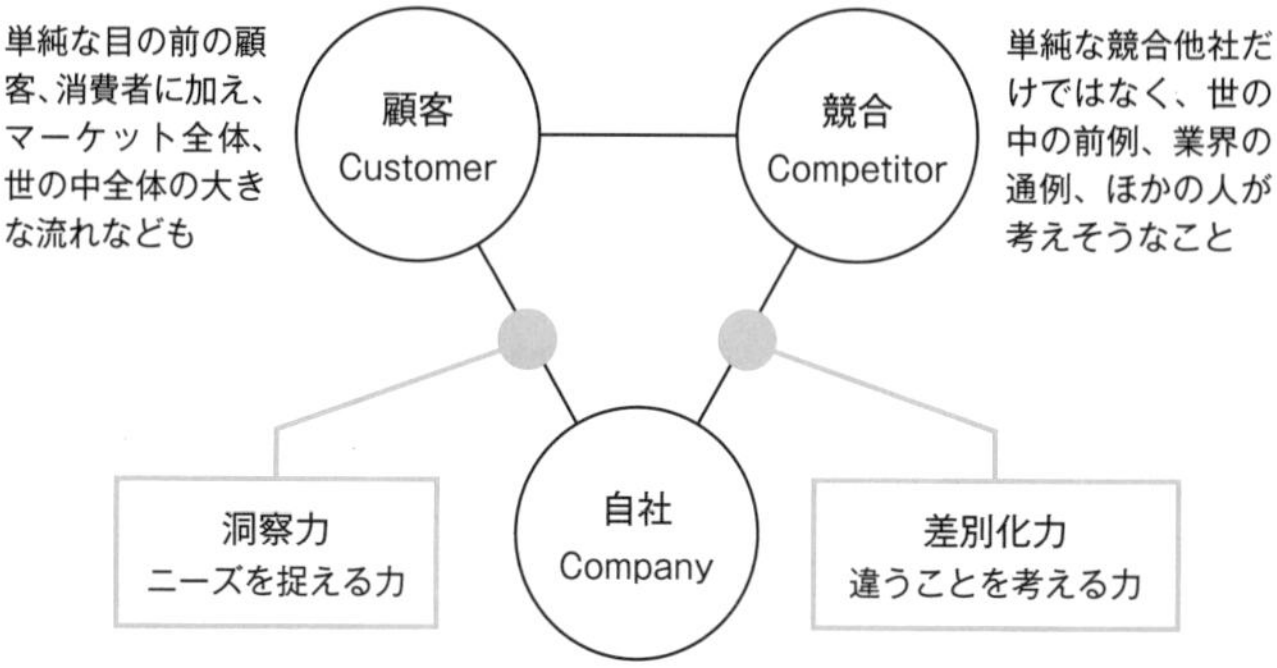

基準（方法）

基準の「質」においては、発想や企画のアウトプットクオリティを確認するのが最も わかりやすいでしょう。ただ経験が浅い部下であれば、「差別化」と「洞察」に分けて、クオリティをチェックしても良いかもしれません。「量」は、同じ時間内にどれだけ考えられるかという意味での「速さ」に加えて、発想や企画を実際に出した「数」を基準にして評価することも、部下の状況によっては有効でしょう。

たとえば「奇抜なアイデアはよく思いつくけれど、顧客やエンドユーザーのニーズにフィットしない企画が多い部下」であれば、「洞察力」×「質」にウェイトを置いて目標設定するのが有効かもしれません。逆に「アイデアを出すことに苦手意識がある部下」であれば、「差別化力」×「量」で、「上司が面白いと思えるアイデアを毎月1つまとめる」などを目標とし、そのために「毎週〇個アイデアを出す」などのアクションにまで落とし込みながら、まず打席数を増やすのが効果的でしょう。

対課題スキル ③ 「推進力」

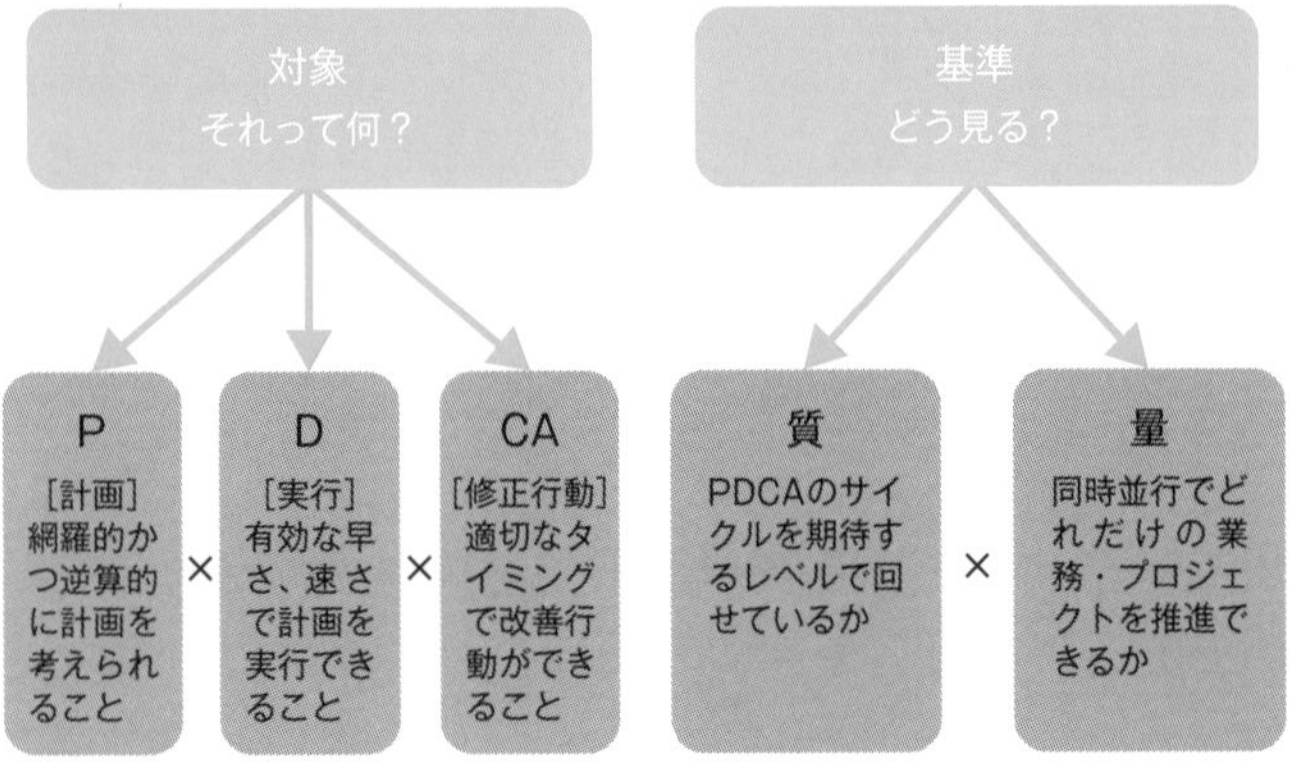
対象
それって何？
基準
どう見る？
P
［計画］網羅的かつ逆算的に計画を考えられること
×
D
［実行］有効な早さ、速さで計画を実行できること
×
CA
［修正行動］適切なタイミングで改善行動ができること
質
PDCAのサイクルを期待するレベルで回せているか
×
量
同時並行でどれだけの業務・プロジェクトを推進できるか

対象

推進力のほかにも遂行力、実現力など、ニュアンスは違えど「実行」関連の項目はよく見られます。

多くの企業において、この類の能力評価項目で見たい（伸ばしたい）のは、「決められたことを決められた通りに進める力」ではありません。

あいまいな状況や変化が多い環境であることを前提に、期待される成果に向けて計画（P）・実行（D）・修正行動（CA）をしながら、業務を推し進めていく力です。

部下の推進力を伸ばしたいと思ったら、3つのうちどれが課題なのかを見極めましょう。

「『計画』が弱く、無駄や非効率が多い」、「『実行』が弱く、なかなか動かない、動いたとしても遅い」、「『修正行動』が弱く、何か変えるべきなのに漫然と "Do" を続ける」のいずれなのかを見定め、目標設定をすると効果的です。

PDCAのサイクル

基準
（方法）

基準の「質」においては、PDCAの各フェーズにおいて、「期待するレベルでできているか？」を見ることが必要です。一つひとつのレベル感も大事ですが、計画から実行へ、実行から修正行動への移行時に「どの程度の精度・早さで移行するのか？」という、サイクルの回し方そのものも重要な能力であり、注目して伸ばすべきポイントです。

「量」は、プロジェクト1つだけをまずしっかり推進できるかどうかという基準なのか、2つ3つと増えても高いレベルで並行して推進できるかどうかという基準なのか、という観点です。より高い基準に達するには単純なスピードはもちろん、勘所を押さえる力なども重要になるでしょう。

計画が苦手な部下であれは、計画×質で最初にきちんとすり合わせることを強化目標にすると良いでしょうし、実行や修正行動が苦手なタイプなら、日々のアクションプランまでかみ砕く、チェックのやり方を決めて週次で運用するなど、強化すべき行動の量を固定するのが有効です。

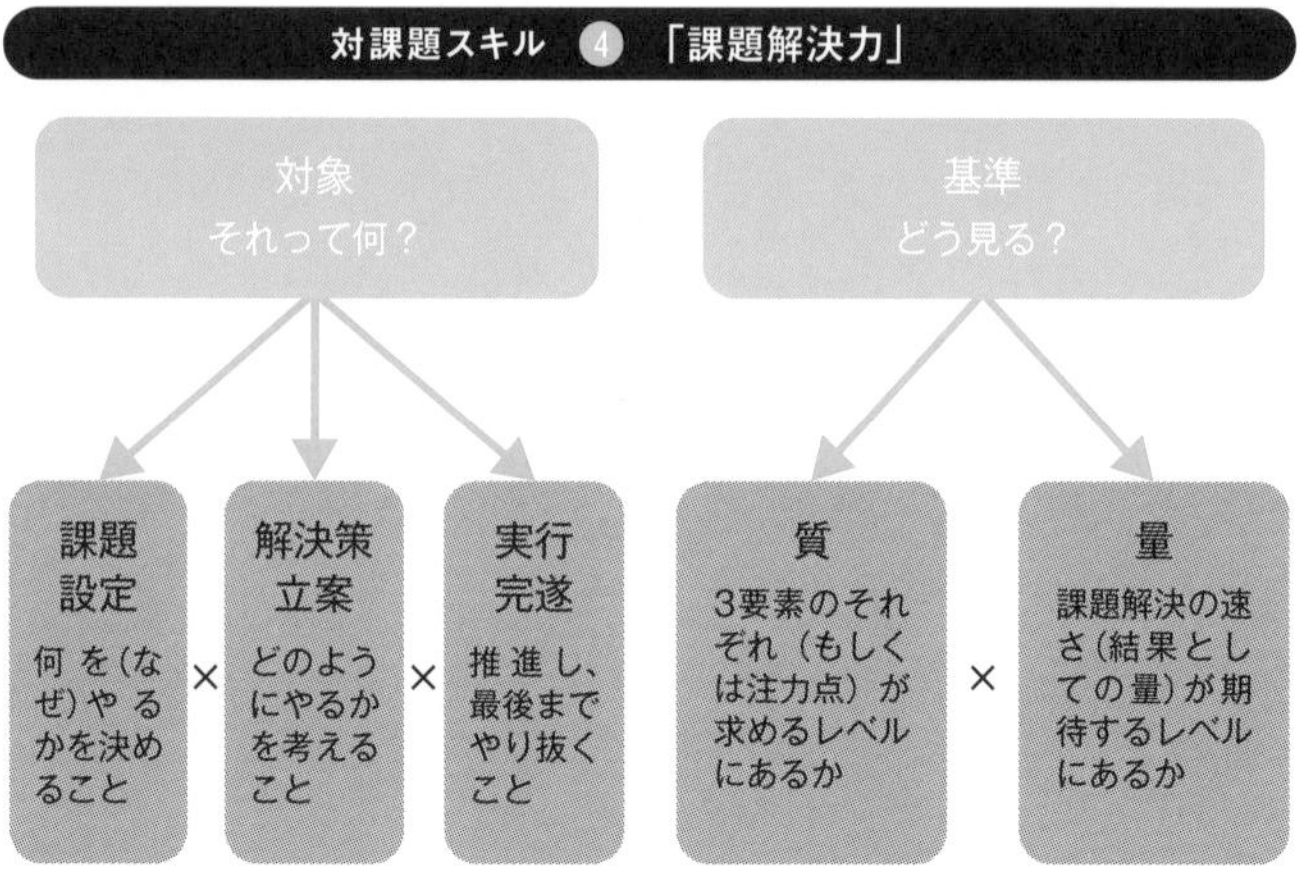
対課題スキル ④ 「課題解決力」
対象
それって何？
基準
どう見る？
課題
設定
何を（なぜ）やるかを決めること
×
解決策
立案
どのようにやるかを考えること
×
実行
完遂
推進し、最後までやり抜くこと
質
3要素のそれぞれ（もしくは注力点）が求めるレベルにあるか
×
量
課題解決の速さ（結果としての量）が期待するレベルにあるか

対象

「実行する」系で最も抽象度が高いのが、この課題解決力です。

業務の一連のプロセスを対象にしているので、複合的で難度が高い総合格闘技的なスキルと言えます。

多くの企業で、中堅以上の等級の評価項目には必ずと言っていいほど入っています。

ただ、要素分解は比較的シンプルです。課題を解決するためのステップに沿って、「課題設定」「解決策立案」「実行完遂」に分ける。そのどこが強みでどこが弱みなのかを確認し、かみ砕いた目標設定をすると能力向上にもつながりやすくなるでしょう。

なお、似た言葉に「問題解決力」があります。

これは、課題設定をする前段階の「原因究明」により注目した概念であると捉えれば十分です。その際は「課題設定」を「問題特定」と置き換えても良いでしょう。

課題を解決するステップに沿って分解

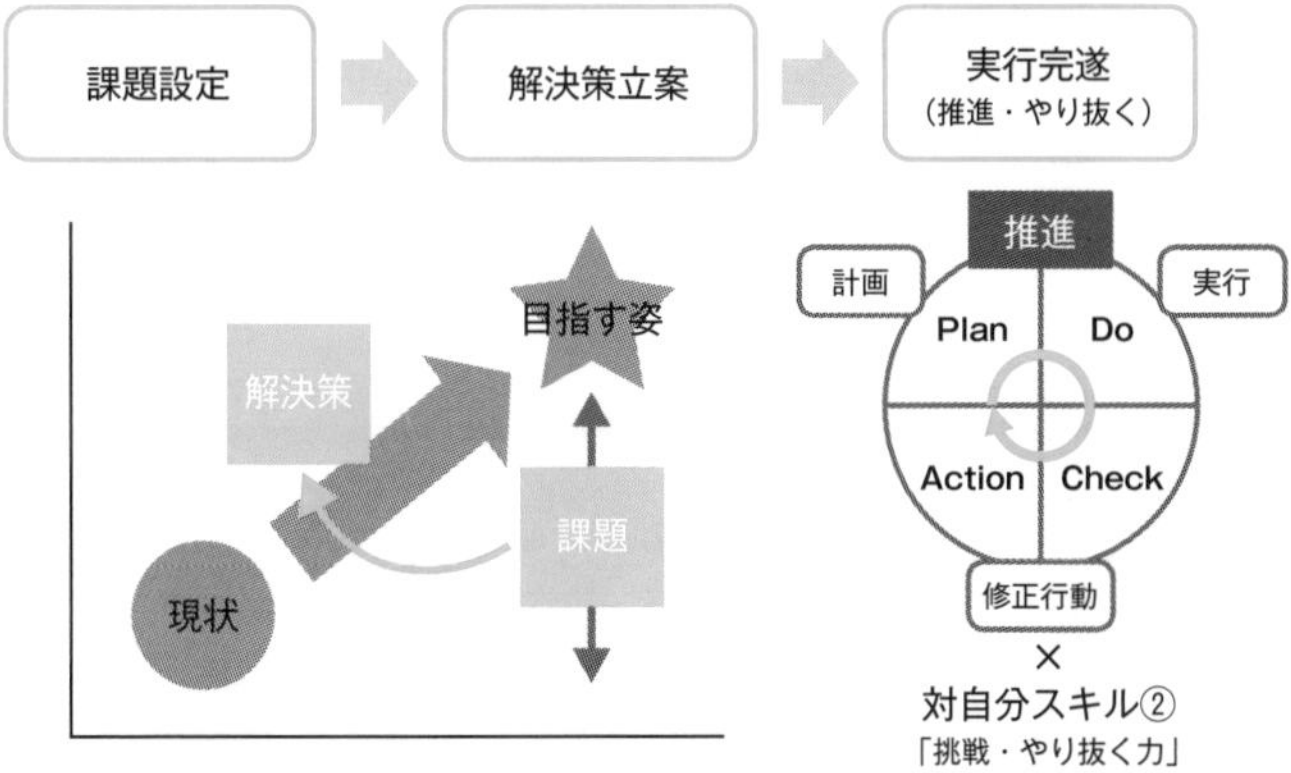

基準（方法）

総合格闘技的な能力なので、「基準」や「方法」をすり合わせる際にも、先に分解した「対象」のどこにフォーカスをするかという問いとセットで考えることが重要です。

基準の「質」においては、3要素それぞれで得意不得意がある部下も多いと思います。それぞれで具体的な期待レベルを設定することが重要です。また、土台としての論理的思考力に難がある場合は、そこも鍛えなければならないでしょう。部下の力量が、基礎の力から伸ばす必要があるフェーズなのか、基礎の上に応用を積み上げていけるフェーズなのかについても、適切に見定めることが重要です。また、「量」＝「速さ」では、より多くの課題解決行為を担えるようになることを目指させましょう。

課題解決できたかどうかという結果だけを見ていると運良く結果が出ることもあるので、この能力を高めていくうえでは、課題解決に至るまでの学びを整理し、再現性を意識させることも効果的です。

対人スキル 1 「コミュニケーション力」

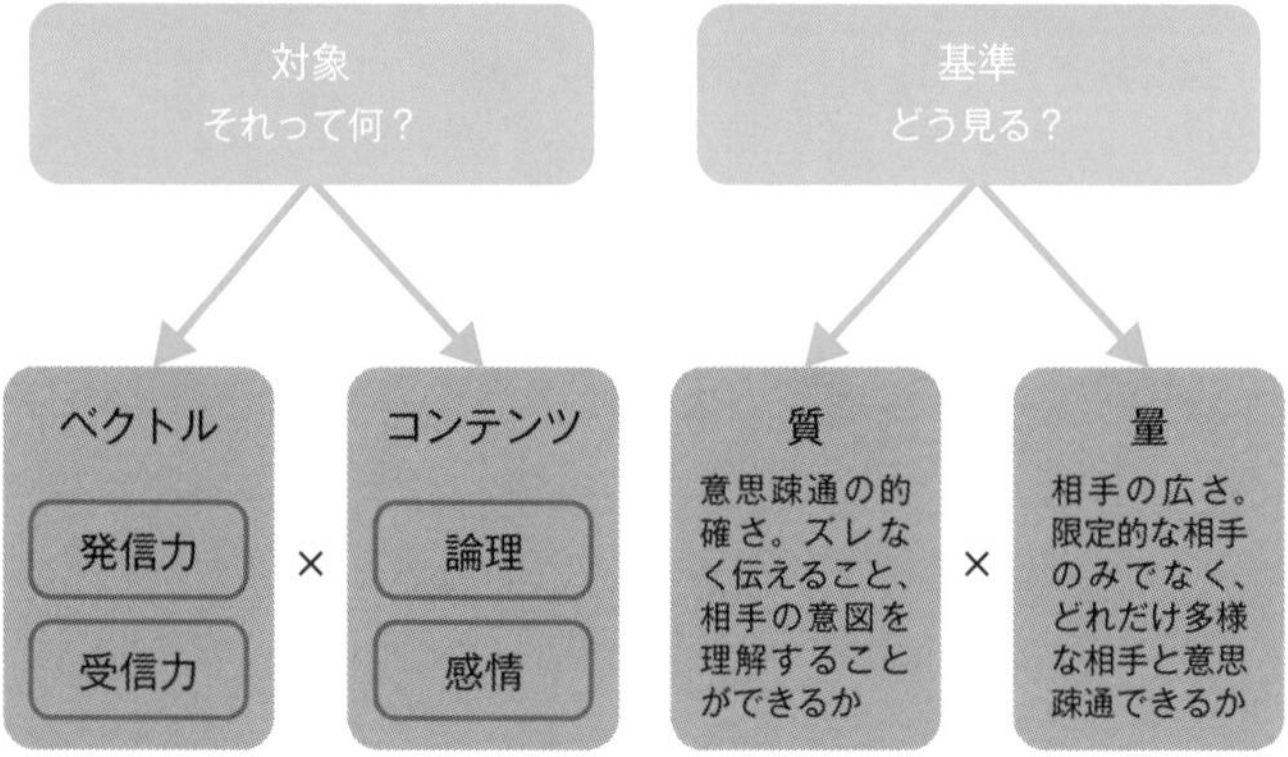
対象
それって何？
基準
どう見る？
ベクトル
発信力
受信力
×
コンテンツ
論理
感情
質
意思疎通の的確さ。ズレなく伝えること、相手の意図を理解することができるか
×
量
相手の広さ。限定的な相手のみでなく、どれだけ多様な相手と意思疎通できるか

対象

対人スキルの基礎としてよく見られるコミュニケーション力は、ほぼすべてのスキルの土台となるものです。

コミュニケーション力は、ベクトル（向き）とコンテンツ（内容・特性）でまず分けるとわかりやすいです。

ベクトルのうち「発信力」は、相手に伝えたいことをしっかり伝える力を指します。

「受信力」は、相手の話を真意まで含めて理解する力です。

どちらも一方的な行為ではなく、双方向の意思疎通を成立させる力と捉えるのが重要です。

コンテンツのうち「論理」は、伝える話が論理的に組み立てられているか、あるいは相手の論理を的確に理解できるかという点。

「感情」は、論理や理屈だけでなく自身の感情を適切に伝えられるか、あるいは相手の感情を適切に感じとれるかという点です。

「発信力」「受信力」における「論理」と「感情」

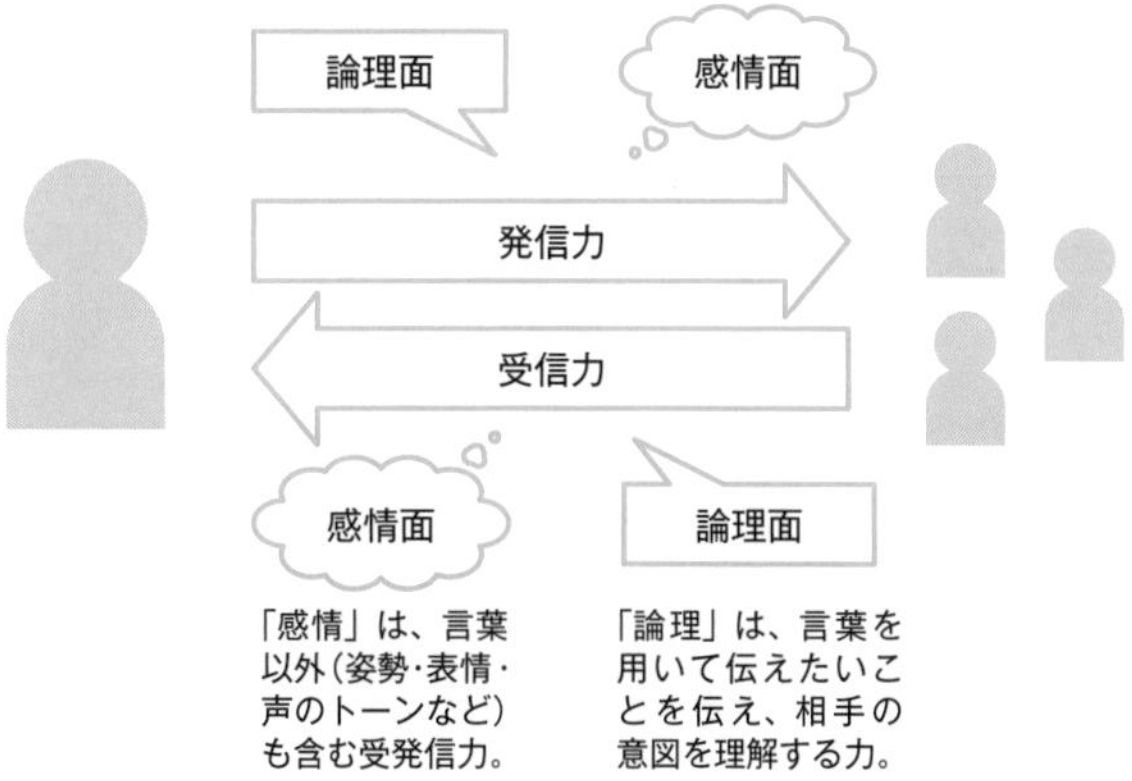
論理面
感情面
発信力
受信力
感情面
論理面
「感情」は、言葉以外（姿勢・表情・声のトーンなど）も含む受発信力。
「論理」は、言葉を用いて伝えたいことを伝え、相手の意図を理解する力。

基準（方法）

対課題スキルはあとからアウトプットを見ても評価できますが、コミュニケーションスキルは、「実際のやりとりが見られる機会」とセットで基準や方法を考えた方が有効です。

そのうえで、「質」は「的確さ」。相手に伝えたいことが伝わっているか、相手の意図を的確に理解できているか。相手や状況によって難度が変わります。また、「量」は相手の「広さ」と置き換えましょう。自分と似た相手やつき合いが長い相手以外に、どのくらい経験や価値観が異なる多様な相手と意思疎通できるかという基準です。

方法に落とし込む際は、若手はまず「打席数」が重要です。全体会議で恐れず話す、わからなければ即聞くなどの行動数を設定すると良いでしょう。少しレベルが上がってきたら「打率」＝質向上にシフトしていくべきですが、その際は上述の通り、「実際のコミュニケーションを見て、共に振り返ることができる機会」を活かしたアクションプランにしましょう。

対人スキル② 「関係構築力」

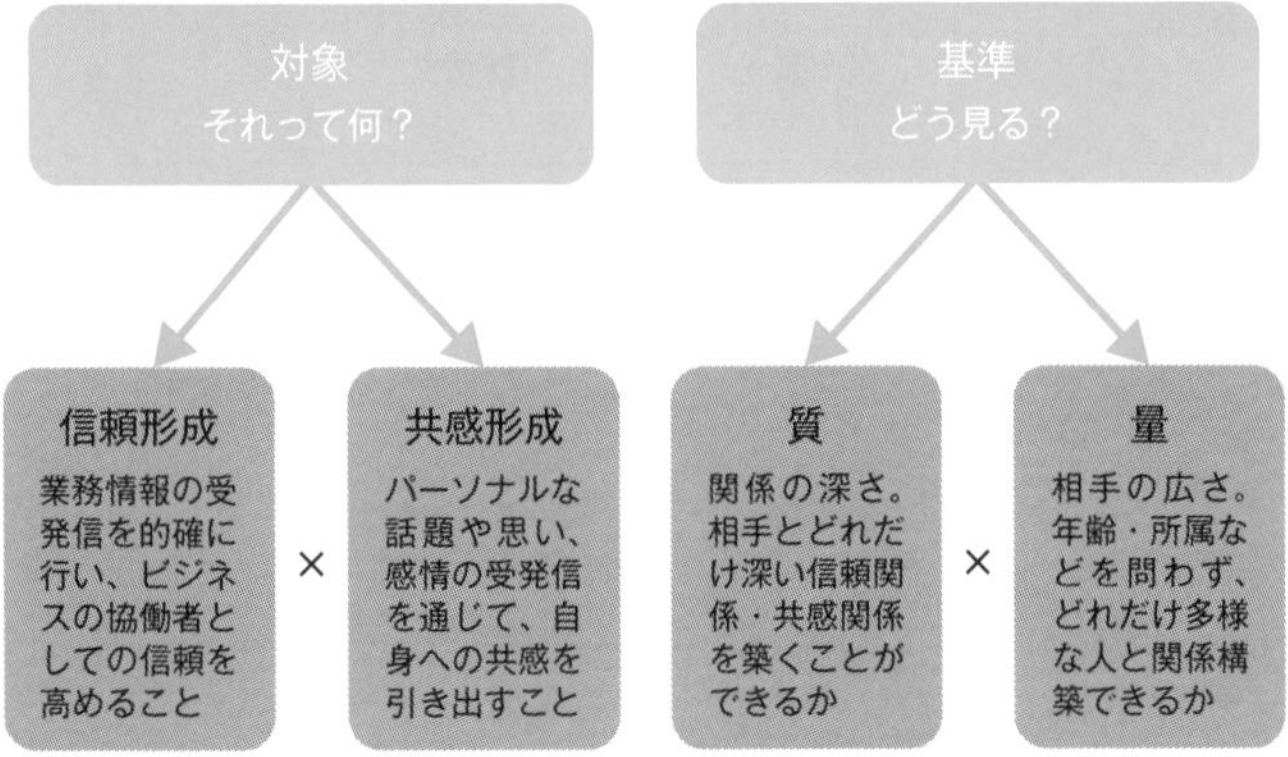
対象
それって何？
基準
どう見る？
信頼形成
業務情報の受発信を的確に行い、ビジネスの協働者としての信頼を高めること
×
共感形成
パーソナルな話題や思い、感情の受発信を通じて、自身への共感を引き出すこと
質
関係の深さ。相手とどれだけ深い信頼関係・共感関係を築くことができるか
×
量
相手の広さ。年齢・所属などを問わず、どれだけ多様な人と関係構築できるか

対象

営業職やリーダークラスなどでよく見られる対人スキル項目です。

近年は異業種連携など、社内に限らない多様な相手との協業がさまざまな職種で求められることから、関係構築力を重視する企業が増えてきています。

「信頼形成」は、ビジネスの協働者としての信頼を高めること。的確な受発信や、約束の順守などを通じて、信頼される存在になることです。

もう一方の「共感形成」は、お互いの価値観やパーソナリティを理解し合ったり、思いを共有することなどを通じて、共感される存在になることです。

共感形成はあまり得意ではないけれど、信頼形成はきっちりできる。あるいは逆に、信頼形成はやや不安定なところがあるけれど共感形成は得意、といった得意不得意の特性が人によって見られやすいスキルです。

信頼を高め、共感される存在になる

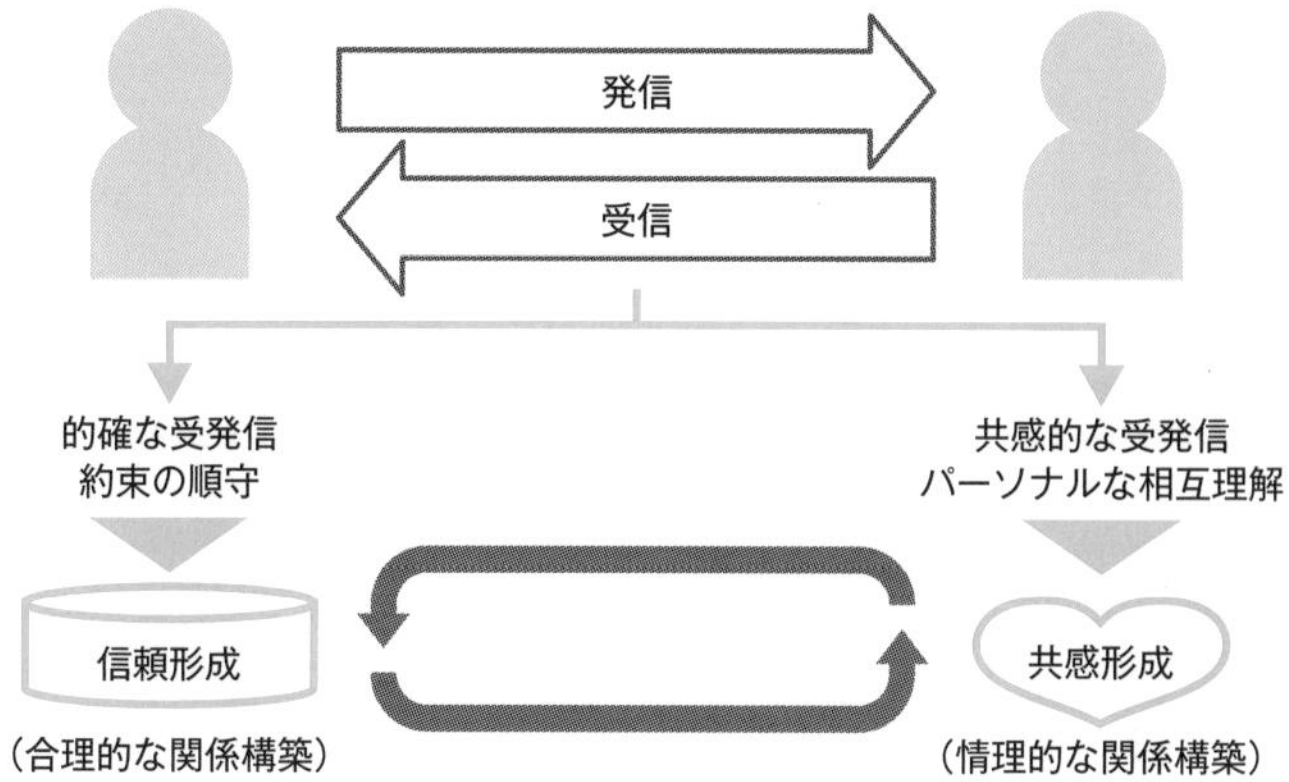

基準
（方法）

基準は「質」＝「深さ」、「量」＝「広さ」と置き換えましょう。まず、「質」＝「深さ」は、相手とどれくらい深い信頼・共感関係を築けるのか。ビジネス上必要な対応をしっかりやってもらえるレベルなのか（それがまず大事ですが）、他社（他者）には話さないようなことも話してもらえる関係なのか。

「量」＝「広さ」は、どれだけ多様な相手と関係構築できるか。年齢や部署はもちろん業種や国籍、言語なども問わず関係構築できるなら、かなりの「広さ」と言えます。

「深さ」の求められる基準は、業務特性などでケースバイケースですが、「広さ」は役割・等級が上がるほど高めていきたいものです。

方法に落とし込む際は、「信頼形成×量」ならシンプルな行動（メール返信は1日以内など）、「共感形成×質」なら深めの行動（キャリアビジョンを聞くなど）と、狙いによって使い分けましょう。

対人スキル 3 「巻き込み力」

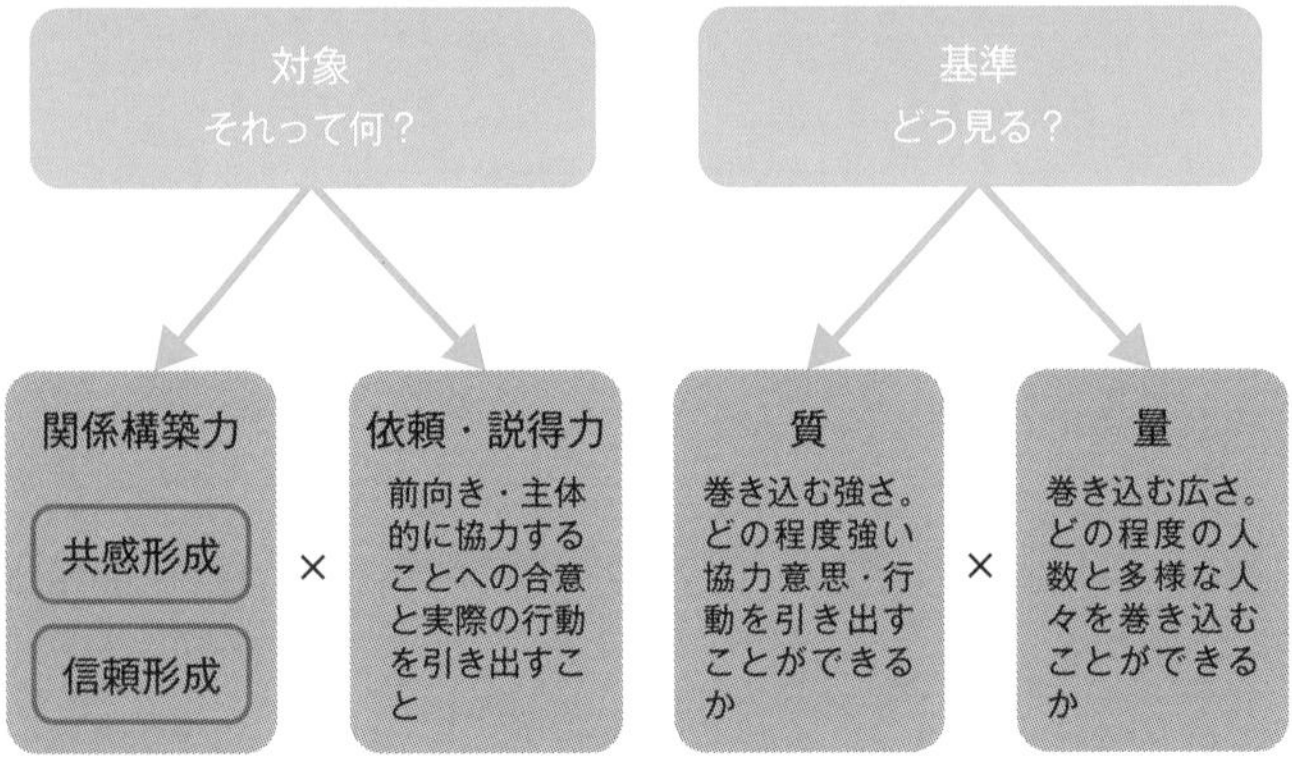
対象
それって何？
基準
どう見る？
関係構築力
共感形成
信頼形成
×
依頼・説得力
前向き・主体的に協力することへの合意と実際の行動を引き出すこと
質
巻き込む強さ。どの程度強い協力意思・行動を引き出すことができるか
×
量
巻き込む広さ。どの程度の人数と多様な人々を巻き込むことができるか

対象

前項の「関係構築力」をもう一歩推し進めたスキルである「巻き込み力」も、近年非常に多くの企業で見られるようになりました。VUCA 時代に必須の対人スキルと言っても良いでしょう。

ここでは巻き込み力を、「他者と関係を築き、主体的な協力を引き出す力」とします。

そもそも関係構築しなければ巻き込むことはできませんが、関係が深い相手であっても、何か協力してもらうためには、目的に沿った依頼や説得が必要です。

「依頼・説得力」は、相手の納得感・主体性を引き出せるほど良いと言えます。依頼と説得は異なる行為ですが、ここでは「相手の行動を引き出そうとする行為群」として、括って扱います。

単純な仲の良さや立場的権威ではなく、あくまでも相手の意思を引き出すことがポイントです。

他者と関係を築き、主体的な協力を引き出す力

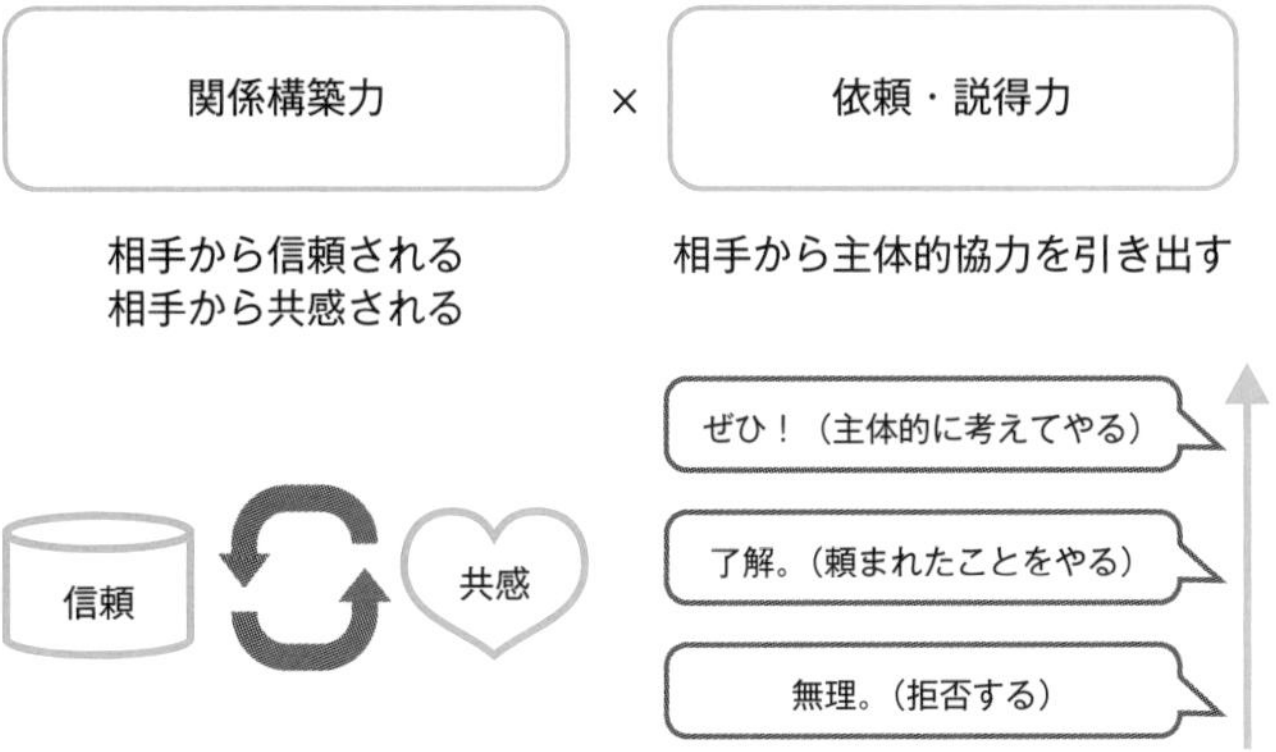

基準（方法）

「質」＝巻き込む「強さ」、「量」＝巻き込む「広さ」です。

まず「質」＝「強さ」は、他者をどのくらい強く巻き込めるのか。ここで言う強弱の程度は、相手から引き出す協力意思や行動の度合いです。相手の主体的な意思を引き出し、自主的な提案や協力行動をしてもらえるなら、それは強い巻き込みと言えます。

「量」＝「広さ」は、どれだけ多くの相手を巻き込むことができるかです。身近な人に、個別に依頼して協力を引き出すというレベルから、数百名を前にしたスピーチやプレゼンテーションによって一気に大勢を動かすようなレベルまで、基準にも差があります。

方法に落とし込む際は、まずは仕事のなかで他者を巻き込むシーンや対象を分類してみましょう。社内 or 社外、部署内 or 部署外、上司 or 同僚、経験長い or 経験短いなどで整理して、なるべくこれまで経験していなかった巻き込み対象へのアプローチを狙ってみるのがおすすめです。

対人スキル④「リーダーシップ」

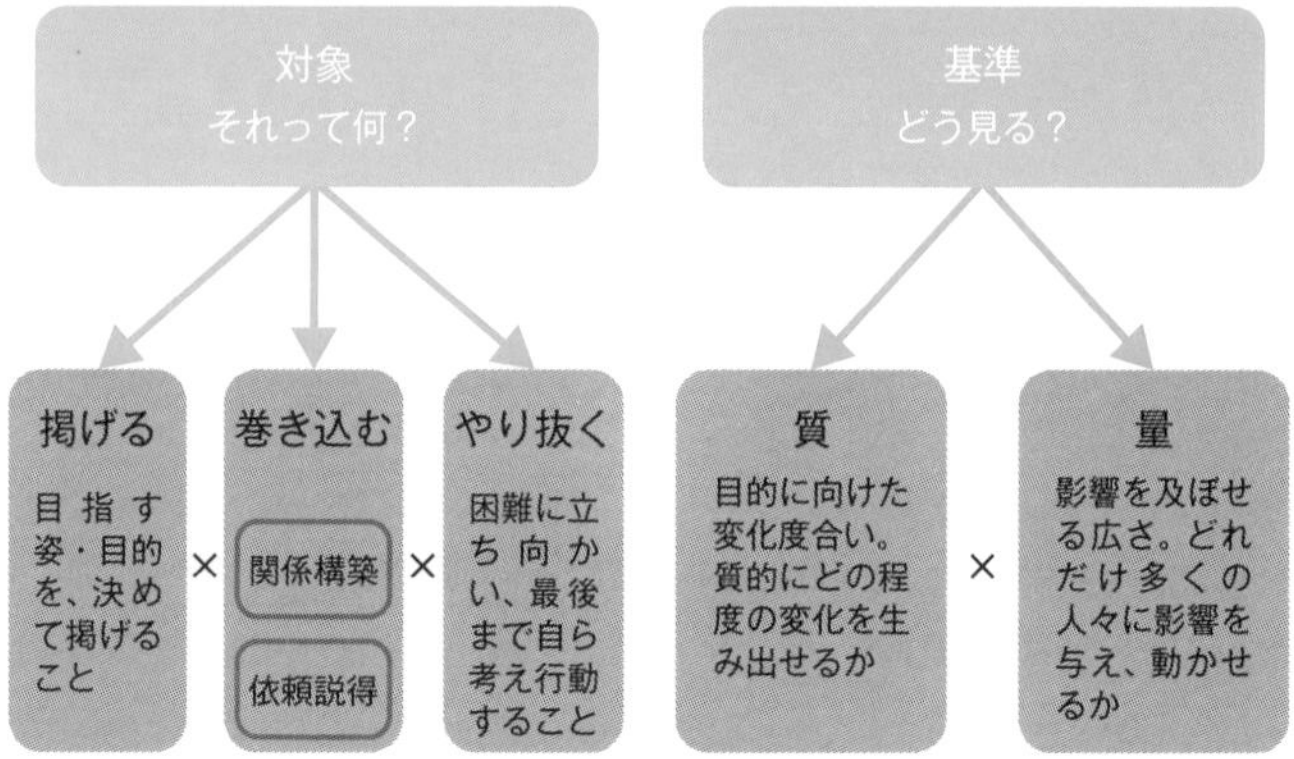
対象
それって何？
基準
どう見る？
掲げる
目指す姿・目的を、決めて掲げること
×
巻き込む
関係構築
依頼説得
×
やり抜く
困難に立ち向かい、最後まで自ら考え行動すること
質
目的に向けた変化度合い。質的にどの程度の変化を生み出せるか
×
量
影響を及ぼせる広さ。どれだけ多くの人々に影響を与え、動かせるか

対象

対人スキルの最後は、リーダーシップ。これは最近で最も聞かれるキーワードでしょう。

経営層、管理職から若手に至るまで、あらゆる階層に応じたリーダーシップを、多くの企業が求めています。

対課題スキルの「課題解決力」と同じくらい総合格闘技的なスキルと言えますが、分解すると、ほかのスキルとの重なりや共通点も見えてきます。

たとえばリーダーシップを「ある一定の目的に向けて人々に影響を与え、その実現に導く行為」と定義したとします。

これを分解すると、目的を「掲げる」、他者を「巻き込む」、実現まで「やり抜く」の3つです。

ちなみに、「掲げる」は、「課題解決力」における「課題設定」や「解決策立案」よりも手前で、目指す姿や目的を決めることを指します。「自分で目的を決める」経験はリーダーシップを育むために重要な経験です。

リーダーシップの定義

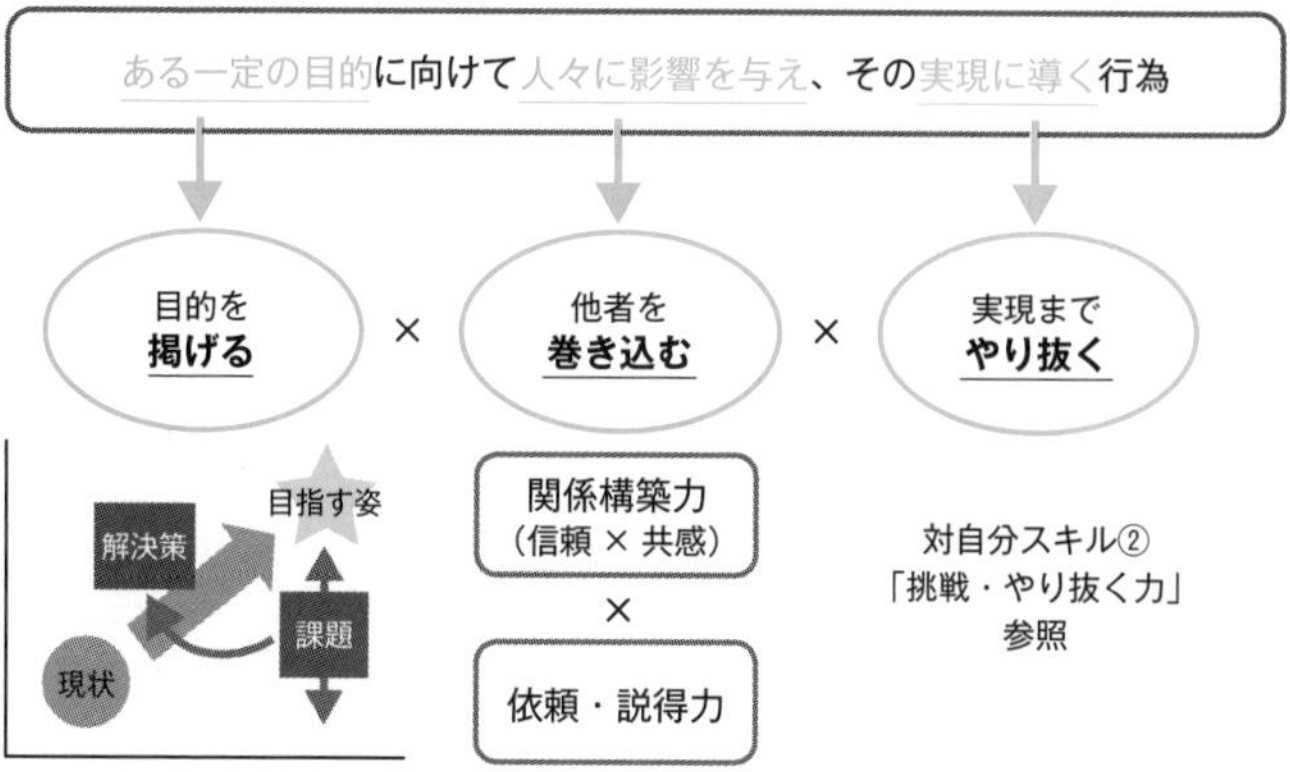

基準（方法）

複合的に要素が絡む能力なので、「対象」のどこにフォーカスして「基準」や「方法」をすり合わせるかが大事です。また、現実的には「リーダーシップ発揮が期待される具体的業務」があるはずなので、その業務の特性と結びつけながら具体化するのが有効です。

「質」は、リーダーシップ全体として見るなら、目的に向けた状況の「変化度合い」と捉えると良いでしょう。その人のリーダーシップ発揮によって、どの程度大きな状況変化を起こせるのか。ただ難度が高いので、最初は3要素に砕いて基準を設定する方が有効でしょう。

「量」は、影響を及ぼせる「広さ」。ここはほかの対人スキルと同様、より多様で、より多くの人々に影響を及ぼすことを目指します。

方法に落とし込む際は、対象を絞って段階を踏むのが得策です。担っている業務によって3要素の重要度合いが違ったり、人によって得意不得意があるためです。

対自分スキル ① 「判断力・自律・決断力」

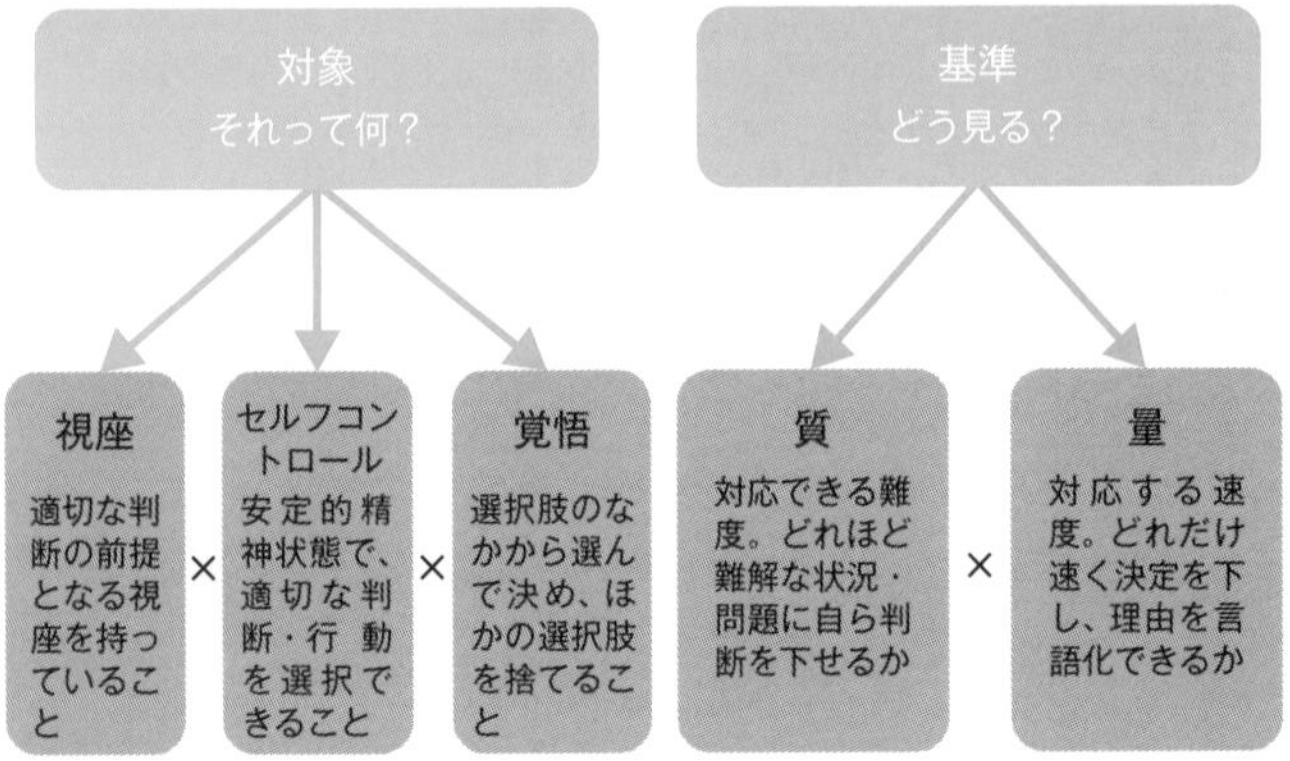
対象
それって何？
基準
どう見る？
視座
適切な判断の前提となる視座を持っていること
×
セルフコントロール
安定的精神状態で、適切な判断・行動を選択できること
×
覚悟
選択肢のなかから選んで決め、ほかの選択肢を捨てること
質
対応できる難度。どれほど難解な状況・問題に自ら判断を下せるか
×
量
対応する速度。どれだけ速く決定を下し、理由を言語化できるか

対象

対自分スキルの1つ目は「判断力」「決断力」「自律」などのキーワードで表される「自分で考えて決める力」です。どれも厳密には異なる概念ですが、似たものとして括り、分解例をご紹介します。

まずは仕事をするうえで望ましい（上司や周囲が安心できる）判断の前提となる「視座」。

次に、適切な判断や行動を続ける土台として、自分のモチベーションを自ら安定させる「セルフコントロール」。

そして最後に、ほかの選択肢を捨て、逃げ道や言い訳を断つ「覚悟」です。もちろん、ただ思い切り良く決めれば良いということではないので、結論を出すための「論理的思考力」も前提として必要です。

そして、課題の重心が「視座」にあるのが「判断力」、「セルフコントロールにあるのが「自律」、「覚悟」にあるのが「決断力」と区別するのがおすすめです。

自分で考えて決める力

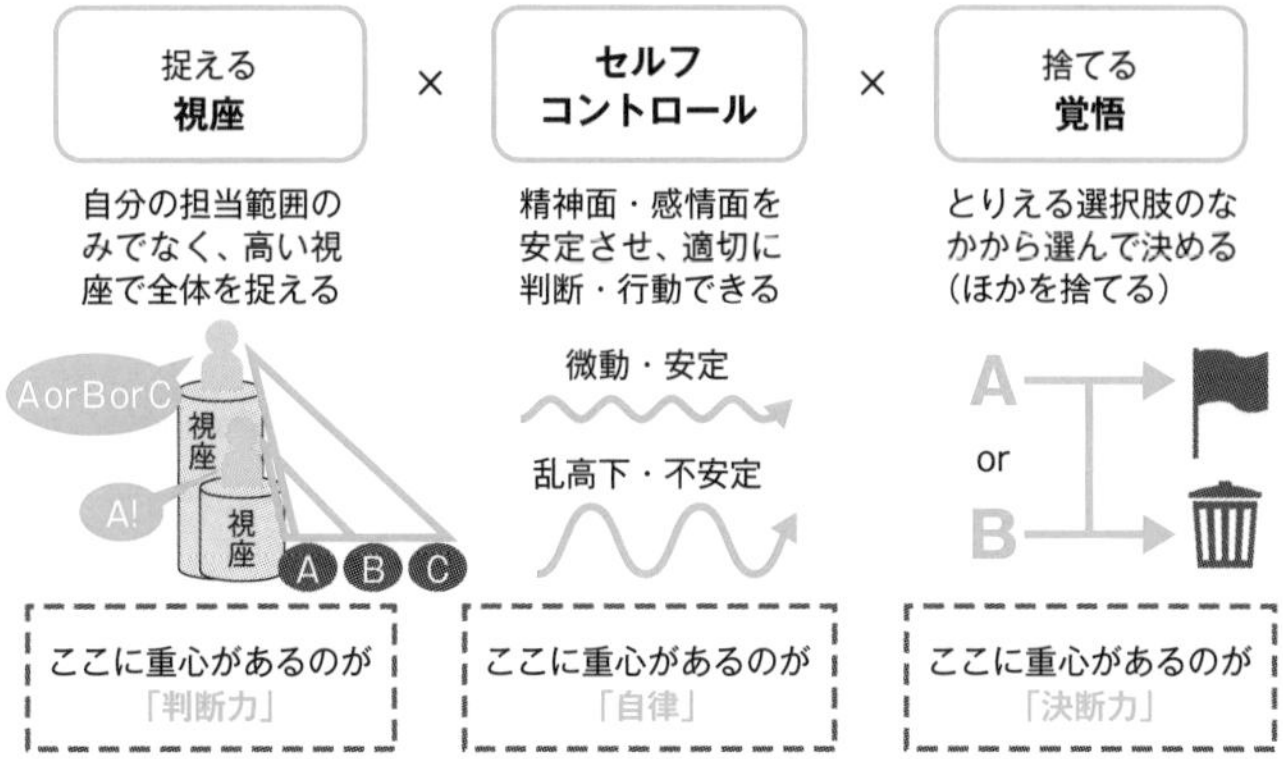

捉える
視座
×
セルフ
コントロール
×
捨てる
覚悟
自分の担当範囲のみでなく、高い視座で全体を捉える
精神面・感情面を安定させ、適切に判断・行動できる
とりえる選択肢のなかから選んで決める（ほかを捨てる）
AorBorC
視座
A!
視座
A
B
C
微動・安定
乱高下・不安定
A
or
B
ここに重心があるのが「判断力」
ここに重心があるのが「自律」
ここに重心があるのが「決断力」

基準（方法）

「決める」という行為は、合理的・科学的な知識やスキルが必要である一方で、正解がないアートの領域とも言え、近年は「美意識」や「リベラルアーツ」を磨く重要性なども叫ばれています。正解がない世界だからこそ、結果ではなくプロセスを見ること、そのプロセスで求められるスキルを分解して認識し、1つずつ磨くことが有効です。

「質」は、どんな「難度」の判断を担えるか。ただ、結果論的な評価になりやすいので、分解した3要素別に今どのレベルか、どのレベルを期待するかをすり合わせるのが重要です。「量」は、より多くの判断を担うための判断の「速度」と捉えるのが良いでしょう。同じ結論でも、数秒で決断する人もいれば、数日や数カ月かかる人もいます。その差は大きなものです。

方法に落とし込む際は、対象を分解して目標設定している前提で、それぞれの要素のレベルアップのために「機会の増加」×「質の向上」の観点で行動レベルを設定するのが望ましいでしょう。

対自分スキル ② 「挑戦・やり抜く力」

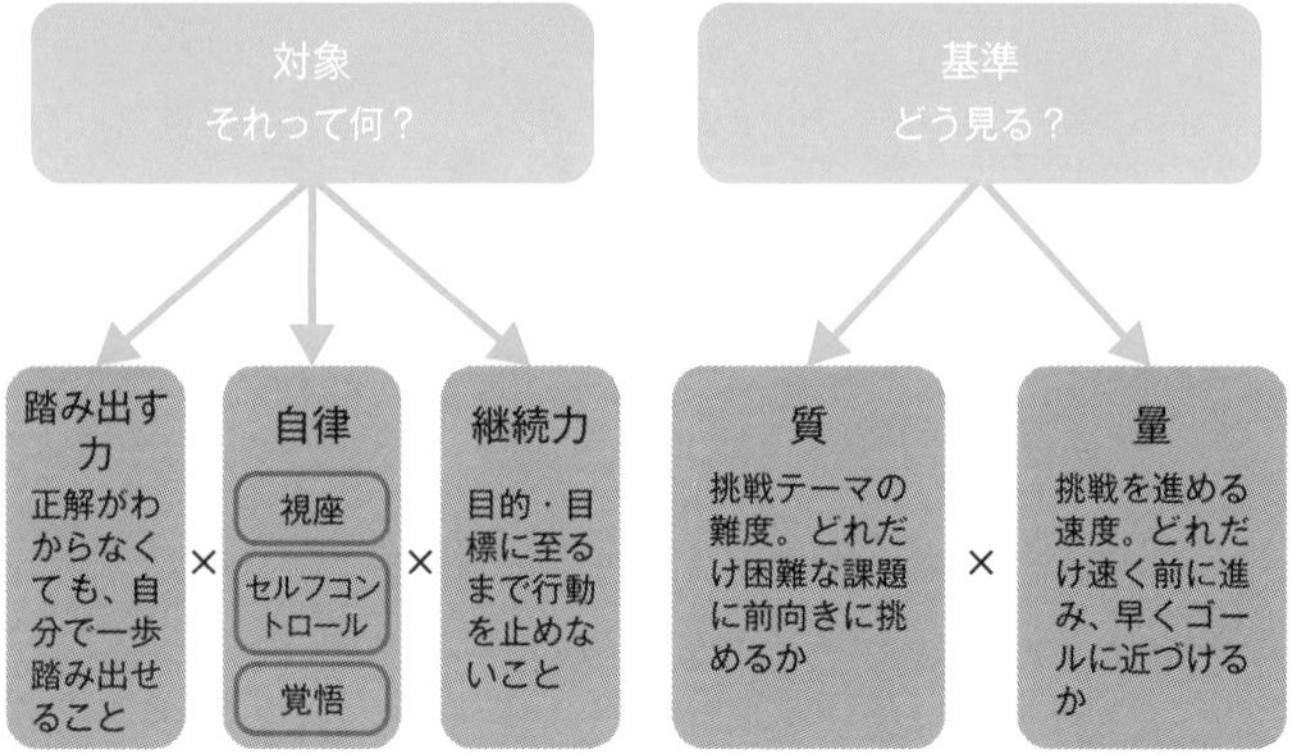
対象
それって何？
基準
どう見る？
踏み出す力
正解がわからなくても、自分で一歩踏み出せること
×
自律
視座
セルフコントロール
覚悟
×
継続力
目的・目標に至るまで行動を止めないこと
質
挑戦テーマの難度。どれだけ困難な課題に前向きに挑めるか
×
量
挑戦を進める速度。どれだけ速く前に進み、早くゴールに近づけるか

対象

対自分スキルのもう1つは「挑戦」や「やり抜く力」などのキーワードで表される、「困難に立ち向かう力」です。

「挑戦」と「やり抜く」は別物のように感じられるかもしれません。ですが、どちらも「困難に立ち向かい、苦労や失敗を乗り越え、目的や目標にたどり着く力」と言えます。

対象を要素分解すると、正解がなくても、成功の保証がなくても、“正解を自らつくる”というマインドで「踏み出す力」。

そして、踏み出したら困難に直面してもモチベーションを維持し、自ら考え行動し続ける「自律」。

最後に、目的実現や目標達成の最後までそうした行動を続ける「継続力」の3つに分けられます。

そして、課題の重心が「踏み出す力」寄りなのが「挑戦」。そして「継続力」寄りなのが「やり抜く力」と区別できます。

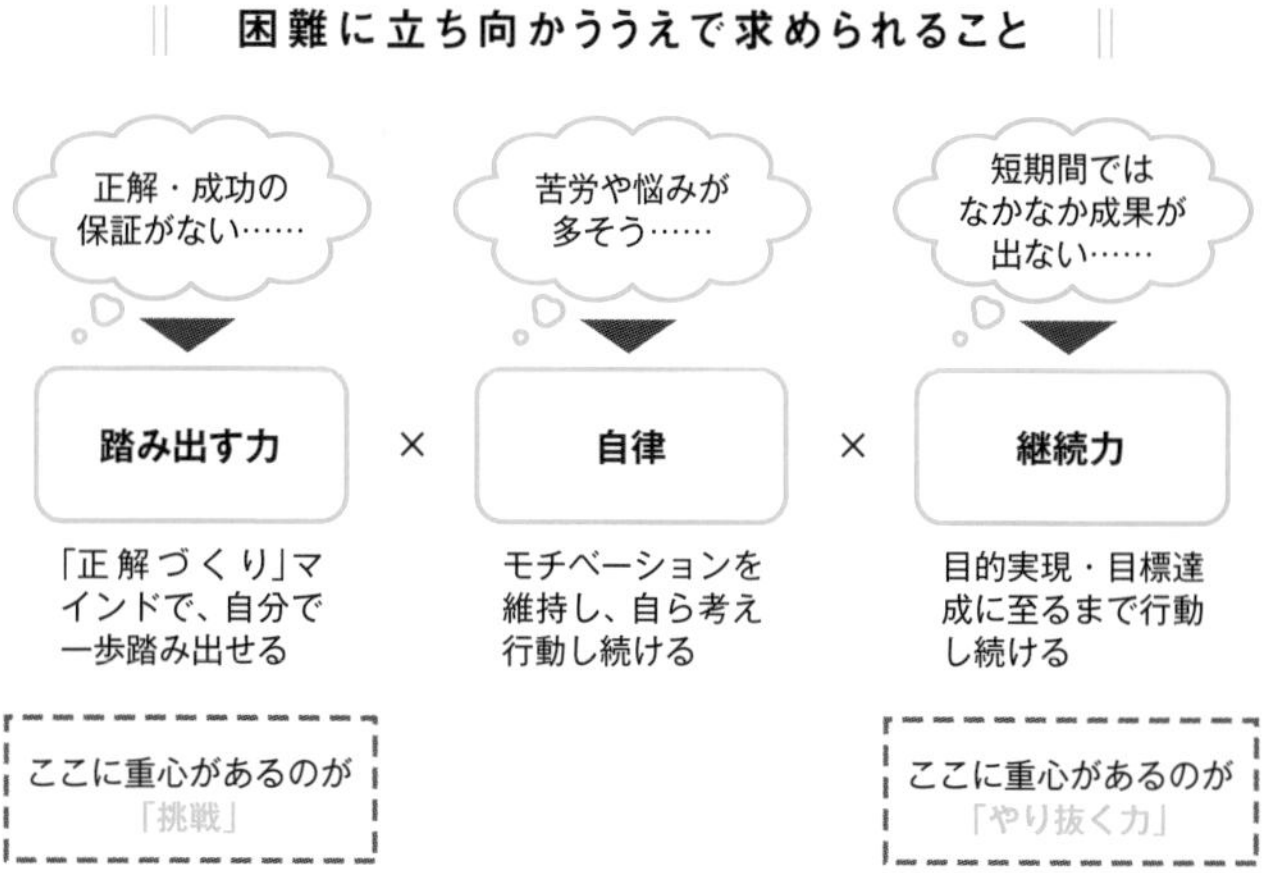

基準（方法）

これも総合格闘技的な能力なので、分解しなければ抽象的すぎて目標の運用が機能しないでしょう。「基準」「方法」に落とし込む際は、その前に「対象」を要素分解し、本人の得意不得意なども踏まえて、どれかの対象要素にフォーカスした目標にするのが得策です。「質」は、立ち向かい、やり抜くことができる挑戦の「難度」。「どれだけ高い山を登れるか？」です。ただ、「どれだけ高い山を登ったか？」という問いにすると結果論的な評価になってしまうので、対象をかみ砕いて要素別に「難度」をすり合わせるのが有効でしょう。「量」は、挑戦の総量を増やすための「速度」と捉えます。同じように踏み出し、粘り強く考え、やり抜くにしても、その時間やスピードには個人差が出るでしょう。

方法に落とし込む際には、分解した対象の3要素のなかからフォーカスするものを絞り、「踏み出す力」なら回数増の「量」重視で、「自律」「継続力」なら課題テーマの「質」重視で設定するのが効果的です。

付録

2

「表層深層フレーム」に基づく評価のすり合わせ

［事例集］

部下の自己評価の裏にある「前提」は？

管理職にとって悩ましいのが、
「部下の自己評価が上司の想定より高い」ケース。
目に見えない部分をすり合わせる作業が必須です。

第5章で、「表層＝目に見える言動」だけでなく、「深層＝目に見えない意識や思いなどの前提」を意識すべきだというお話をしました。

管理職にとって、評価をすり合わせるシーンで悩ましいのは「部下本人による自己評価が上振れしている状態」です。自分（上司）が想定している評価よりも高い自己評価を部下が持ってきた際、自己評価と上司評価の差分に納得してもらわなければなりません。納得して次の行動につなげてもらうためには、「深層」のすり合わせが大切なのです。

そもそも前提として、最終評価がずれるということは、それまでの過程で上司と部下のあいだでコミュニケーションの不足があったのかもしれません。ただ、時間を戻すことはできないので、ここでは「目標設定はきちんとやっていた」かつ「上司による評価は適切である」という前提で、すり合わせる際に重視してほしい観点をご紹介します。

上司評価が適切であるとするなら、望ましい基準からずれている部下の自己評価（言動X）の深層にある部下の暗黙の前提（前提X）は、上司の前提（前提Y）からなぜずれているのか？

その原因および対策は、第3章でご紹介した4つのバイアスでおおよそのパターンを網羅できます。

第3章では、「バイアス」は上司が評価者として注意すべき観点としてお伝えしましたが、このバイアスは被評価者である部下側もまた陥りやすいものです。

部下の自己評価が上司評価と違うと思ったら、対話を通じて部下の前提を把握し、「対象」「基準」のどこがずれているかをすり合わせます。そのやり方を具体例と共に見てみましょう。

ただし、「同調性バイアス」は、部下の自己評価がずれる原因になるケースはほぼないので割愛し、残り3つのバイアスについて扱います。

表層深層フレーム

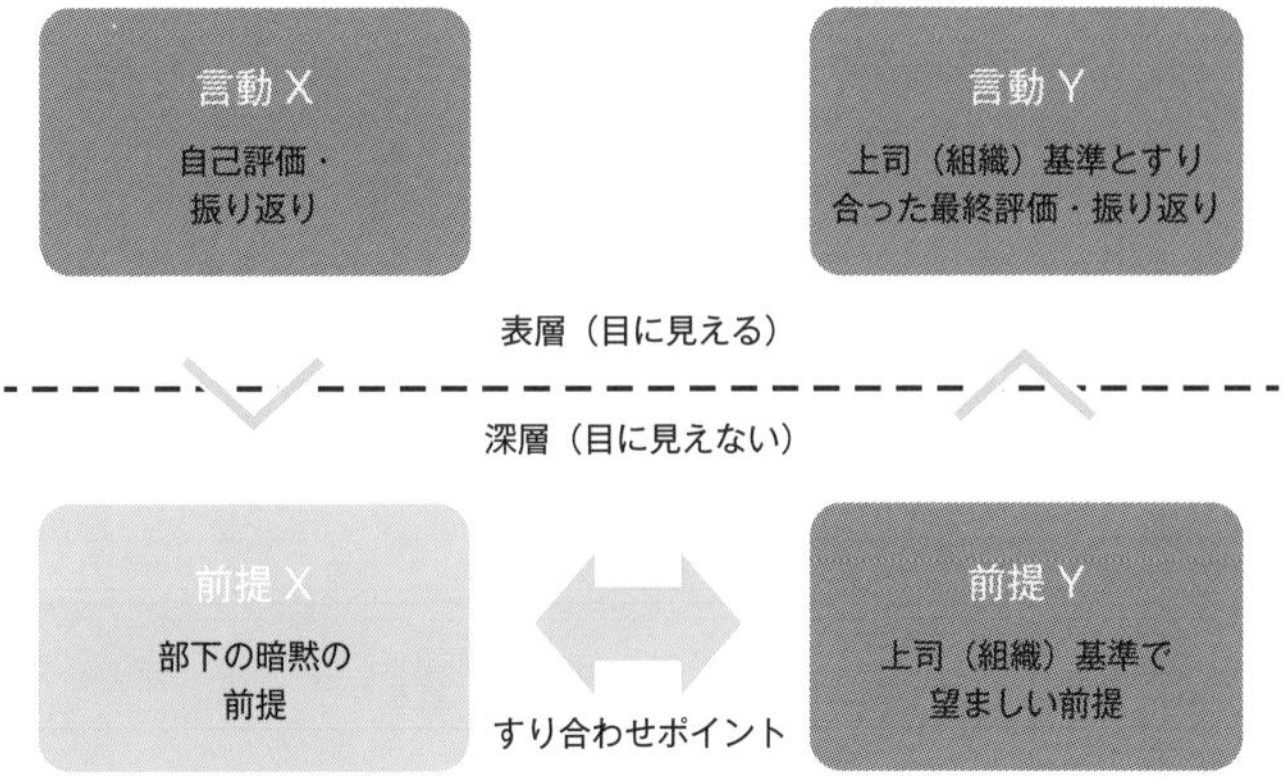

該当するバイアス

	上司側が陥りやすいこと	部下側が陥りやすいこと
参照点バイアス	自分基準に引っ張られる	自分よりも成果が出ていない同僚と比較する
同調性バイアス	部下の感情や人間関係に引っ張られる	上司の感情や上司との人間関係を過度に気にする
近視眼バイアス	直近の出来事に引っ張られる	期末の成功（失敗）に引っ張られる
現状維持バイアス	これまでのイメージ・目立つ印象に引っ張られる	過去（前の等級のときなど）と同じ達成レベルで高評価がつくと思っている

本人の自己評価が高すぎるケース❶　参照点バイアス

● こんなケース ●

同部署で長期間業務をしており環境にも慣れているメンバーA。能力評価項目「リーダーシップ」について、部署内で一番影響力を発揮したと自覚しており、自己評価は最高ランクのS評価。特に、自分より年齢も等級も上で最近同じ部署に異動してきたBさんよりも自分の方が影響力を発揮したと自負している。

表層深層フレーム

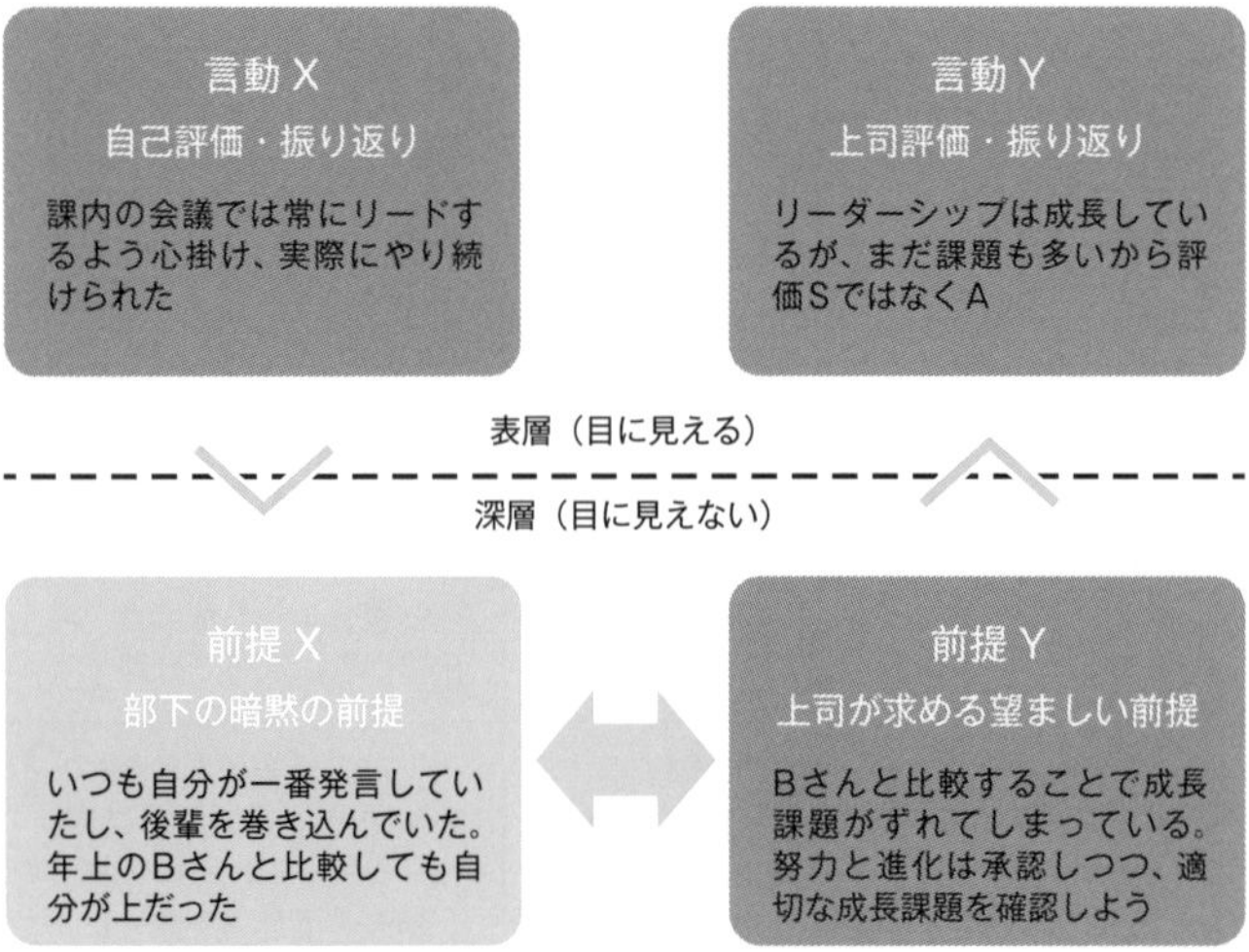

言動 X
自己評価・振り返り
課内の会議では常にリードするよう心掛け、実際にやり続けられた
言動 Y
上司評価・振り返り
リーダーシップは成長しているが、まだ課題も多いから評価SではなくA
表層（目に見える）
深層（目に見えない）
前提 X
部下の暗黙の前提
いつも自分が一番発言していたし、後輩を巻き込んでいた。年上のBさんと比較しても自分が上だった
前提 Y
上司が求める望ましい前提
Bさんと比較することで成長課題がずれてしまっている。努力と進化は承認しつつ、適切な成長課題を確認しよう

参照点バイアスに陥る際の傾向

周囲の低評価者を（下振れする際は高評価者を）“標準ライン”と見なし、自分を相対評価してしまっているケースが多い。

対話例

❶ まず評価項目の定義を確認する。

確かに課内の会議などで積極的な発言が多かったよね。以前と比較しても積極性が増しているのがGoodだね。でも、そもそも「リーダーシップ」の定義って期初にどう設定したかな？

リーダーシップを「①ある一定の目的に向けて、②人々に影響を与え、③その実現に導く行為」と定義しましたね

❷ 部下に自分の頭と言葉で振り返らせながら、より深く話を聴いて深層を把握する。

そうだったよね。それでは、その3つの観点で分けて分析してみるとどうだったかな？

①目的に関しては、部署で設定された目的を解釈する力は上がったと思いますが、「そろそろ自分で目的から設定できるようになろう」というアドバイスををいただいてましたね。②影響を与えることに関しては、先輩のBさんよりできていたと思います。③自分のチームのプロジェクトが苦戦したことを考えると実現まではいかなかったですね

❸ 基準をすり合わせながら、ネクストアクションの方向性のアドバイスをする。

(なるほど。先輩のBさんのことが参照点バイアスになっているな……)ちゃんと落ち着いて分析できたのがすごいね！　そろそろ本格的にマネジメントの準備をするためにも、結果にこだわって思考していくとさらに成長できそうだね。今回もそこにこだわってほしいと期初に話をしていたよね。ちなみに、Bさんの話が出たので補足をしておくと、週に1回の課内会議のあいだをつなぐために、Bさんは毎日細かくチームメンバーと個別に話をしていたね。影響力の与え方っていろんなバリエーションがあるよね……

本人の自己評価が高すぎるケース❷ 近視眼バイアス

● こんなケース ●

1年間にわたるプロジェクトのリーダーを務めたCさん。途中の紆余曲折はあったものの、評価直前の時期に無事にプロジェクトを成功に導くことができた。最終的にお客様からお褒めの言葉もいただいたので、自己評価は最高評価のSで提出。

表層深層フレーム

言動X
自己評価・振り返り
担当プロジェクトを成功させたので、課題解決力も成長したはずだから自己評価はS

言動Y
上司評価・振り返り
Cさんはプロジェクトを成功させたが、途中クレームでかなり厳しかったから評価はA

表層（目に見える）

深層（目に見えない）

前提X
部下の暗黙の前提
お客様からの最終評価がこれだけ高ければ文句ないだろう。特にギリギリになってからのしびれる状況のなかでよくがんばった！

前提Y
上司が求める望ましい前提
当社のプロジェクト成功に求めるクオリティを適切に理解してほしい。結果だけではなくプロセスでの満足度も意識して成長してほしい

近視眼バイアスに陥る際の傾向

評価タイミング直前の事象（特に成功事例）に認識が引っ張られるケースが多い。

対話例

❶ 時間軸を長めに設定して、より深く話を聴いて深層を把握する。

Cさんにとっては少し背伸びしないといけないプロジェクトだったけど、無事に終えることができて良かったね。お疲れ様！　次に活かすために、最後の1カ月だけじゃなくて、1年間を振り返った内容をもう少し教えてくれないかな？

はい！　思い入れのあるプロジェクトとなりました。最初は気負いすぎてなかなかうまくいかず、お客様からクレームをいただくこともありました。またプロジェクト半ばでは、チームメンバーから不安の声が上がることもありました。ただ佳境を迎えてからの推進力は、私もチームも素晴らしかったと思います！

❷ 評価項目で定義した内容について、部下に自分の頭と言葉でより深く振り返らせる。

（最終成果もあり、近視眼バイアスが強そう……）最後の追い込みは本当に素晴らしかったね！　じゃあ評価項目の課題解決力ってどう分解して定義していたかな？　今後の成長のために、結果とプロセスに分けて振り返ろうか

①課題設定、②解決策立案、③実行完遂の3つでした。③の実行完遂はとてもよく意識できたと思います。結果とプロセスに分けると、結果については胸を張れます。ただ、プロセスは確かにもう一度同じようなプロジェクトをやると考えると、もう少し振り返った方が良いかもしれません

❸ 基準をすり合わせながら、ネクストアクションの方向性のアドバイスをする。

プロジェクトが成功したからこそ、さまざまな観点でポジティブに振り返って学びに変えることができるよね。クレーム対応で雲行きが怪しくなってきたとき、似たようなプロジェクトの経験者からアドバイスをもらうように指示したことがあったよね。プロセスでも「さすが！」と言われるのが、うちの会社の目指すべき基準だよね。③の実行完遂の自信がついたと思うので、①の課題設定と②の解決策立案の前段階での準備をもっと徹底できるとさらに課題解決力を成長させていくことができそうだね！

本人の自己評価が高すぎるケース③ 現状維持バイアス

● こんなケース ●

これまでのがんばりが評価され今年度から等級が上がったDさん。これまでの強みは自他共に「関係構築力」だという認識があった。今回の評価でも、他部署の巻き込みは苦戦したが、これまで以上に自部署のメンバーを巻き込み、プロジェクトは成功させられたので、自己評価は最高評価であるSを提出している。

表層深層フレーム

言動X
自己評価・振り返り
自部署の巻き込みは昨年よりもスケールアップできた。昨年もこれでSだったから今年もS

言動Y
上司評価・振り返り
基準があまり昨年と変わっていない。得意領域からもう少し幅を広げてほしいのでA評価

表層（目に見える）

深層（目に見えない）

前提X
部下の暗黙の前提
自部署のメンバーとの信頼形成や共感形成は昨年よりもやれた自信がある。他部署の巻き込みがうまくいかなかったけど、結果オーライで良いはず

前提Y
上司が求める望ましい前提
今後の成長のためにも、自部署の後輩メンバー以外も巻き込めるようになってほしいという期待を伝えていたはず。逃げずにそこと向き合ってほしい

現状維持バイアスに陥る際の傾向

評価基準や期待が変わっていることへの認識が低く、これまでの評価基準や期待を参考にしてしまうことが多い。

対話例

❶ より深く話を聴いて深層を把握する。

きちんと自分で各成長課題について振り返ろうとする姿勢が良いね。ちなみに、Dさんの自己評価だと、「関係構築力」が最高評価のSになっているけど、どういう振り返りをしたのかな？

「関係構築力」は私も自信がある項目です。昨年の評価でも最高のS評価をとれました。昨年もこの項目の定義を確認しましたが、「信頼形成」と「共感形成」ですよね。両方とも今年もしっかり意識して行動できたと思っています。実際に自分の部署のプロジェクトで信頼と共感を得られたと思います。

❷ 評価項目で定義した内容について、部下に自分の頭と言葉でより深く振り返らせる。

（内容はOKだけど、基準が昨年のままだな……）確かに、「関係構築力」はDさんの得意項目だよね。今年から等級が1つ上がっているけど、その点はどう意識していたかな？

期待が上がっていても強みをもっと伸ばせるようにと、期初の目標設定面談でも話していましたね。それでいくと、「基準」としていた「量」、巻き込める相手の幅の広さに関しては不十分だったかもしれません。また、部署内だけではなく他部署も巻き込むという期待も加わりました。ただ、他部署を巻き込むのはなかなか苦戦したという実感もあります。とはいえ、自部署内での共感形成ができたおかげでプロジェクトは推進できたので、今年も最高評価で提出しました。

❸ 基準をすり合わせながら、ネクストアクションの方向性のアドバイスをする。

プロジェクトの成果と、Dさんの成長項目に対する評価は切り分けて考えた方が良いね。プロジェクトの成果としてはOKだと思っているよ。ただ、今後もっと複数の部署を巻き込んだプロジェクトのリーダーをやってほしいという期待があり、自部署だけの巻き込みだとどこかで限界が来てしまうよね。未来のためにきちんと「関係構築力」の基準について、今の等級の役割期待に照らし合わせて一緒に振り返ってみない？

おわりに

本書のタイトルは、『マネジャーのための人事評価で最高のチームをつくる方法――「査定する場」から「共に成長する場」へ』です。

経営者や人事の方に向けた人事評価制度の設計に関する本ではなく、制度を簡単には変えることができない現場のマネジャー向けの本です。

仮に、現場側が制度を変える権限を持っていたとすると、各部署で最適化させる動きが加速していき、企業全体でまったく統一できない状態になってしまいます。一定の規模を超えると複数の機能に分化し、そして連携することで価値を提供していくのが企業の宿命だと考えると、人事制度自体はどうしても「最大公約数」的なものになります。

だからこそ、完璧な制度は存在しませんし、そもそも設計する際に制度に込めた願いや思いを実現させるためには、各職場での運用力が鍵になります。

評価制度の基本サイクルは、「目標を設定する」→「評価をつける」→「評価を伝える（すり合わせる）」→次の「目標を設定する」の繰り返しです。このサイクルを回すために必要な観点を順番に書いてきました。

評価と聞くと、どうしても金銭報酬とのつながりを意識してしまいますが、長期的な視点で考えると、組織として成果を出した方が良いし、自己成長もした方が仕事はもっと面白くなるはず。**組織成果と個人の成長がキーワードです。**成果と成長を得るためには、「目標設定」や「振り返り」をきちんとすることが必要不可欠です。

「できるようになる」とはどういうことなのか？

ここで、「成長した」の定義をすり合わせるために1つ質問です。

「10回同じことをやって何回できれば『できるようになった』と表現しますか？」

人によって差はあると思いますが、1回だけだと「（偶然）できた」とは言えても、

「できるようになった」とは言えないのではないでしょうか。

たいていの方は、半分以上、もっと言うと「8〜9割」できるようになったら「できるようになった」と認めるというのが普通だと思います。

偶然ではなく必然と言えるレベルで発揮できるようになるのが、「できるようになる」＝「成長する」ということだとすると、結果はもちろん大切ですが、それよりもプロセスの振り返りが重要になります。

振り返ってさまざまな経験値や学びを蓄積していくと、第1章で書いた「成長期待直線」と「成長実感曲線」のギャップを乗り越えて、一喜一憂せずに長期間学び続けられるようになります。そうして、「できるようになった」＝「成長した」という実体験を持てれば、失敗しても自分はその壁を乗り越えることができるはずだという確信を持てるようになるので、さらに成長のための挑戦が促されます。

そうすると、成果も出て評価もされるという好循環が生まれます。

目標設定しようと思った瞬間からもう成長が始まっている

まず取り組んでいただきたいのは、「目標設定技術」の向上です。

目標設定技術は「スキル」なので、誰でも身につけられます。カリスマ性も天才的な能力も基本的には必要ありません。誰でもマネジメントの武器にできます。

メンバーの個別の能力に関する目標設定だけではなく、組織の成果に直結しそうな目標設定もまったく同じです。組織が成果を出すために必要な要素やプロセスを分解し、目標として設定して、意識と行動を変えて、それをきちんと振り返ることを繰り返せば、成果を出せる確率は確実に上がります。

もちろん、最初はうまくいかないことの方が多いはずです。でも普通の人はそこで諦めてしまうことが多いので、続けるだけで差をつけることができます。

成果と成長につながる要素やプロセスを分解しようと思っただけで、昨日から比べれば成長しています。なぜなら興味関心のアンテナを立てることができたはずだから。

失敗を恐れずにまずは一人のメンバーからでも、1つの項目からでも、やってみることをおすすめします！

謝辞

最後までお読みくださり、ありがとうございます。

私は普段、リンクアンドモチベーションという組織人事コンサルティングファームの事業責任者を務めています。

当社の創業間もない頃、中途採用の広告のキャッチコピーは、「企業経営において一番大切なものが後回しにされている」でした。

一番大切だけれど後回しにされていたものは、もちろん、人や組織です。労働力という単純なリソース（資源）として認識されることも多かった。

ただ、最近では「人的資本経営」というキーワードが毎日のように新聞にも取り上げられるようになりました。注目度は確実に変わっています。

この流れのなかで注力ポイントに挙がることが多いのは、「管理職・マネジャー層の強化」です。数多くの企業とお話をする機会がありますが、管理職を強化しなくて良い、もう十分だと思っている企業に出会ったことはありません。どの企業も悩んでいます。

そして、管理職・マネジャーの方々も悩んでいます。

マネジャー強化の重要度は高まる一方で、難易度も高まる一方です。

常々、もっと多くのマネジャーの方々の役に立てる方法はないか考えていました。

本書を執筆するきっかけになったのは、翔泳社の坂口玲実さんとの出会いでした。

「人事評価に使えるフレーズ集をつくれないか?」が最初のご相談でした。お話をしているうちに、一番の目的はフレーズをたくさんそろえることではなく、「人事評価で困っているマネジャーの方々の役に立つ本をつくること」だと気づき、そこに私も深く共感し、書籍化プロジェクトが始まりました。

「大変な思いをしているマネジャーの方々に武器を提供したい」

「制度設計の本はあっても、現場での運用方法のサポートになる本はほとんどない」

「人事評価というツールを活用して、組織も個人も成長する仕組みをつくろう」

そんな思いで本書をまとめていきました。

本文のなかでも書いていますが、「人事評価は目標設定が9割」です。

目標は人を高みへと導いてくれるツール（道具）です。ただ、そのツールの使い方を間違えるとやらされ感が出てしまい、むしろ人の成長を阻害します。

人事評価制度という仕組みを、ただ査定するだけのために使っているとしたらもったいない。適切な活用をすれば、メンバーもマネジャー自身も共に成長できる貴重な機会です。

人の可能性は無限です。そして、自分の限界を決めるのも自分自身です。

未来志向で、人の可能性を信じて、成長の喜びに溢れるシーンが日本中で増えていけば、きっとこの国の未来は明るくなると信じています。

そんな最高のチームの素地づくりに本書が貢献できれば幸いです。

最後に。本づくりを手伝っていただいた清水由佳さんには、ライターとしての豊富な経験を存分に発揮していただき、スムーズに文章にすることができました。またリンクアンドモチベーションの冨樫智昭さんには、本書の執筆にあたりさまざまなデータの取りまとめやフレームの編集などを担当するなど、多岐にわたる支援に心から感謝しています。

特に翔泳社の編集者の坂口玲実さんには、初めての執筆で不慣れで筆の進まない私を最初から最後まで粘り強くかつシャープにリードしていただき、本当にありがとうございました。多大なご支援・ご協力のおかげでなんとか出版にたどり着けました。

本書は、これまで私と学業・仕事・プロジェクトなどで時間を共有してくださった皆さまとの一つひとつの経験がベースになっています。これまでのすべての出来事や出会った方々に感謝します。

本書を手にとっていただきありがとうございます。

すべての組織がより良くなるための一助になれば幸いです。

2023年3月吉日

川内　正直

お悩み索引

本書には、マネジャーの皆さんが抱えがちなお悩みを解決するためのヒントが散りばめられています。そのヒントに効率良くたどり着くために、この「お悩み索引」をぜひ活用してください。

目標設定に関するお悩み

□ 目標を具体的に設定できない。
→ SMARTの観点で目標の内容を検討してみよう。 p.087

□ 仕事内容からして、目標を定量化しづらい。
→〈目標を定量化するための観点〉の表を参考にしよう。 p.092

□ 期初に目標を設定しても、だんだん意識しなくなってしまう。
→ IDEAの観点で目標を運用してみよう。 p.113

評価のつけ方に関するお悩み

□ 高めの目標を設定して未達だったAさん、低めの目標を設定して達成したBさん、どちらに高い評価をつけるべき？
→「人事評価を通してどんなメッセージを伝えたいのか」を基準に評価をつけよう。 p.140

□ みんながんばっているから、みんなに高い評価をつけたくなる。
→ 期待と評価は切り分けて考えよう。 p.129

□ 評価のつけ方で部下ともめるのが怖い。
→ 目標設定の段階で、どういう視点で評価されるのか、どうすれば高い評価を得られるのか、明確にしておこう。 p.080

□ メンバーそれぞれ違う仕事をしているのに、どう比較して評価すればいいかわからない。
→ 本人の過去の実績、チームの過去最高、過去平均など、何と比較するのかを明確にしておこう。 p.138

□ 評価項目が多すぎて大変すぎる。
→ 重視する項目を絞ろう。 p.133

評価の伝え方に関するお悩み

□ ダメ出ししたり、今回の評価が低かった理由を説明したりしないといけないのがゆううつ。
→ ロジックで納得させるより、どうモチベーションを上げるかに注力しよう。 p.189

☐ 誰に対しても似たような評価内容になってしまう。

→ 評価項目を要素分解すれば、「あなたは○○はできているけれど、△△はできていない」など具体的な評価が可能になるはず。 p.136

☐ 問題を指摘しても、なかなか行動に結びつかない。

→ 問題を抽出することより、課題を設定することに注力しよう。 p.197

☐ 優秀すぎる部下に対しては、褒めるだけで終わってしまう。

→ 結果を褒めるのではなく、なぜ結果を出せたのかという分析やプロセスの振り返りをしてみよう。 p.160

☐ 本人はできているつもりだけれど、実はそうでもない。どう扱えばいい？

→ 上司と部下で評価の基準がずれているなら、きちんとすり合わせよう。 p.162

☐ 必要以上に自己評価が低い部下、どうすればいい？

→ 上司としてなぜ本人を評価しているのか、理由を分解して説明しよう。 p.164

☐ 伸び悩んでいる部下、どう扱えばいい？

→ 目標を小さく刻み、やるべきことを限定してあげよう。 p.166

その他のお悩み

☐ 人事制度、人事評価制度に問題があるので変えてほしいけれど、なかなか変えてもらえない。

→ 制度を変えるより、どう運用するかをまず考えてみよう。 p.004

☐ 人事制度、人事評価制度がフェアでないと感じる。

→ そもそも万人に公平なルールや制度は存在しない！　査定の内容より、どんなメッセージを込めるのかを大切にしよう。 p.054

☐ なかなか部下の行動が変わらない。

→ 相手の態度が変わるには、Unfreeze→Change→Refreezeの3ステップが必要。 p.204

☐「なんでも自分が答えられなければいけない」と感じてしまう。

→ すべての答えを出そうとせず、社内外のネットワークを利用して他者に頼りながらマネジメントしよう。 p187

☐ 若手のキャリア観がよくわからず、マネジメントがなかなかうまくいかない。

→ 仕事の"意味"をしっかり説明してあげよう。 p.030

☐ なかなか一人前になれず悩む新人、どうしてあげればいい？

→ 実現可能性が高い小さな目標を設定しよう。 p.194

☐ 普段からどうやってコミュニケーションを通して信頼関係を築けばいいのかわからない。

→「ジョハリの窓」というフレームワークに取り組もう。 p.219

著者紹介

川内 正直（かわうち・まさなお）

株式会社リンクアンドモチベーション　常務執行役員・組織開発Division統括
株式会社リンクグローバルソリューション　代表取締役社長
株式会社リンクイベントプロデュース　代表取締役社長

福岡県生まれ。早稲田大学教育学部教育心理学専修卒業後、株式会社リンクアンドモチベーション入社。組織人事領域のコンサルタント・プロジェクトマネジャーとして顧客企業の変革を成功に導く傍ら、新拠点立ち上げ、新規事業部門立ち上げなどを担当。2010年、同社執行役員に当時最年少で着任。グループ会社の取締役を経て、2018年、同社取締役に就任。現在は、従業員エンゲージメント領域5年連続シェアNo.1の組織改善クラウドサービス『モチベーションクラウド』シリーズ含むグループ最大規模である組織変革コンサルティング・クラウド部門の統括責任者を務める。組織戦略、組織開発、人材開発などのテーマで経営者やビジネスパーソン向けセミナー・講演や各種メディアへの寄稿多数。

共同執筆者	冨樫 智昭
編集協力	清水 由佳
ブックデザイン	西垂水 敦・松山 千尋（krran）
イラスト	村山 宇希（ぽるか）
DTP	株式会社 シンクス

マネジャーのための人事評価で最高のチームをつくる方法

「査定する場」から「共に成長する場」へ

2023年3月17日 初版第1刷発行

著者	川内 正直
発行人	佐々木 幹夫
発行所	株式会社 翔泳社（https://www.shoeisha.co.jp）
印刷・製本	中央精版印刷株式会社

ISBN 978-4-7981-7776-2　　Printed in Japan